Mit einem Essay von Walter Nigg,
51 Farbbildern von Helmuth Nils Loose,
Texten aus den Aussagen der vier Dienerinnen (1235),
den Lebensbeschreibungen des Caesarius von Heisterbach (1237)
und Dietrich von Apolda (1289),
der Legenda aurea des Jacobus de Voragine (1263),
der Chronik des Kaplans Berthold (1288)
und einem Beitrag „Elisabeth heute“
von Maria Schaeffler,
der Vorsitzenden der Caritas-Konferenzen Deutschlands

Elisabeth von Thüringen

Die Mutter der Armen

Herder Freiburg · Basel · Wien

Fotograf und Verlag danken Herrn Dr. Jürgen Wittstock,
Museum für Kunst und Gewerbe in Lübeck, und
Herrn Pfr. Dr. Eberhart Leppin, Elisabethkirche in Marburg,
für alle Unterstützung bei den Aufnahmen für dieses Buch.

DRITTE AUFLAGE

Offsetreproduktionen: Rito AG, Zürich
Gesamtherstellung: Freiburger Graphische Betriebe 1982
ISBN 3-451-18005-7

Inhalt

Elisabeth von Thüringen, die Mutter der Armen

Elisabeth ein wenig anders gesehen

In Theodor Fontanes Roman „Der Stechlin“ unterhalten sich zwei Schwestern über einen Besuch in der Westminster Abbey in London. Das Gespräch drehte sich besonders um die beiden Königinnen Maria Stuart und Elisabeth I. von England, die sich einst in einem Streit auf Leben und Tod befanden. Jetzt liegen die beiden Herrscherinnen friedlich nebeneinander in der gleichen Kirche begraben. Dann sagte die eine Schwester abschließend: „Elisabeth von Thüringen ist mir lieber als Elisabeth von England.“ Diesem Urteil werden wohl die meisten Menschen zustimmen. Zwar war Elisabeth I. von England, Tochter Heinrichs VIII. und Anna Boleyns, eine kluge Frau. Sie hat viel zum Aufstieg ihres Landes zur Seemacht beigetragen. In charakterlicher Hinsicht aber war sie unerfreulich. Elisabeth von Thüringen war ihr hierin turmhoch überlegen. Sie hat durch ihre Lebensgestaltung die Herzen der deutschen Menschen im Sturm erobert. Diese Liebe hat sich denn auch bis zum heutigen Tag erhalten, weshalb es nicht schwer ist, dem gar nicht nationalistisch eingestellten Fontane zuzustimmen: „Elisabeth von Thüringen ist mir lieber als Elisabeth von England.“

Das eigentümliche Fluidum Elisabeths von Thüringen spürt man, wenn man die ältesten Berichte liest, vor allem das grundlegende „Büchlein über die Aussagen der vier Dienerinnen“ und „Die Lebensschilderung des Dietrich von Apolda“. Diese mittelalterlichen Urkunden vermitteln keine psychologische Erhellung der Entwicklung dieser von der gotischen Unruhe erfaßten Frau. Deshalb scheinen sie dem heutigen Leser zunächst steif und eckig zu sein; trotzdem aber spürt man durch alle unbeholfenen Zeilen hindurch das ungewöhnliche Wesen Elisabeths. Es sind Strahlen, die sich nicht in Begriffe einfangen lassen.

Es dauerte nicht lange, bis die Legende sich Elisabeths bemächtigte und besonders die späteren Jahre ihres Lebens ausschmückte. Keineswegs sind die Legenden mit mitleidigem Lächeln zu betrachten. In der heutigen Zeit wäre eine „Rede über die Legende an die Gebildeten unter ihren Verächtern“ angebracht. Das legendäre Denken ist überaus wertvoll, aber nicht jede Legende ist an sich ein Kunstwerk. Es gilt zwischen Legenden und Legenden zu unterscheiden. Bei einer Legende ist der Sinn und nicht der historische Tatbestand bedeutsam. Sie muß den Sinngehalt einer Gestalt zum Aufleuchten bringen. Wenn sie dies nicht tut, ist sie wertlos.

Von den eng mit Elisabeth verschlungenen Legenden waren nicht alle glücklich formuliert. Das zwei Jahrhunderte nach ihrem Tode erwähnte, von ihrer Großnichte Elisabeth von Portugal auf Elisabeth übertragene Rosenwunder tut, näher besehen, ihrem Handeln eher Abbruch. Sie steht als Lügnerin ihrem Gatten gegenüber da, was ihr niemand zutrauen wird. Viel aufschlußreicher ist die Legende vom Aussätzigen, den Elisabeth in Abwesenheit ihres Gatten nicht nur ins Schloß aufnahm, sondern sogar in das Bett ihres Gemahls legte, damit sie ihn besser pflegen konnte. Der Landgraf kehrte unerwartet heim, und man erzählte ihm vom seltsamen Tun Elisabeths. Ein leiser Groll stieg in ihm auf, aber als er in sein Gemach trat, „öffnete Gott ihm die inwendigen Augen", worauf er den gekreuzigten Christus in seinem Bette liegen sah. Ludwig blickte zärtlich auf seine Gattin und sagte: „Elisabeth, meine liebe Schwester, solche Gäste sollst du gar oft in mein Bett legen, das ist mir wohl zu Dank." Diese Überlieferung zeigt eindeutig, worauf es bei den Legenden ankommt. Wer sie mit den Augen des bloßen Kritikers liest, wird nie ihren tieferen Sinn verstehen. Die Elisabethen-Legende betont mit allem Nachdruck, daß dem Menschen „die inwendigen Augen" geöffnet werden müssen, wenn er ihre wesentliche Aussage erfassen will. Der innere Blick ist die Voraussetzung für das Legenden-Verständnis, und im übrigen sind Legenden nichts anderes als die lebendige Weiterentwicklung einer Gestalt in den Seelen der später geborenen Menschen. Kein moderner Rationalismus kann uns am inneren Wert der Legenden irremachen, und deshalb suchen wir leidenschaftlich nach einem neuen, vertieften Legenden-Verständnis.

Im neunzehnten Jahrhundert erschienen einige Bücher über Elisabeth, in denen Dichtung und Geschichte ineinandergreifen. Montalembert und Alban Stolz zeichneten mit sichtlicher Liebe ein erbauliches Bild von Elisabeth, das auch in den Fresken von Moritz von Schwind auf der Wartburg seinen Niederschlag gefunden hat. Diese Schriften und Bilder sind nach heutigem Empfinden kaum zu ertragen, weil sie dem Leser eine bleichsüchtige, stilisierte Heilige vor Augen rücken. Man kann sie höchstens noch unter dem Aspekt „das Elisabeth-Bild im Wandel der Zeit" betrachten. Jede Generation sieht Elisabeth wieder unter einem neuen Gesichtspunkt. Das vergangene Jahrhundert zeichnete sie zu hausbacken, sah in ihr eine Wohltäterin auf dem Fürstenthron und war bemüht, ihre kühnen, außerordentlichen Züge stillschweigend einzuebnen.

Gewiß war nicht alles falsch, was die früheren Geschlechter in Elisabeth sahen. Dies zu behaupten wäre ungerecht. Trotzdem sehen wir Elisabeth ein wenig anders. Nicht total anders, das wäre großmäulig geredet, wohl aber „ein wenig anders". Niemals passen wir Elisabeth unserer Zeit an – dies bedeutete sie aufs neue zu schablonisieren –, sondern wir fühlen uns durch sie aufgefordert, anders zu werden. Sie soll nicht uns angeglichen werden, vielmehr sollten wir uns durch sie umformen lassen. Statt ihr blasses und niedliches Bild zu übernehmen, entdecken wir an ihr andersartige Konturen und erfassen dabei, daß sie unser Maß um etliches überragt. Es ist nicht leicht, mit Elisabeth Schritt zu halten, weil sie uns mehr als nur eine Nasenlänge voraus ist. Elisabeth wohnte, wie ihr Name besagt, im Hause des Herrn, während wir im besten Fall uns ihm nähern. Elisabeth schritt nicht gemessen dahin, wie es einer fürstlichen Wohltäterin geziemte. Sie war eine elementare Natur, starke Gefühle drängten sich in ihrem Innern gegeneinander, ein Hauch von Kühnheit weht uns von ihr entgegen, und immer war sie eine Heilige, die über sich selbst hinauswollte. Nicht zuletzt war sie ein junger Mensch, das ewig Jugendliche erfüllte diese stürmische Gestalt, die ganz bewußt nach neuen Wegen suchte. Ja, wir sehen sie ein wenig anders und streben nach einer dem gotischen Zeitalter gemäßen Sicht.

Unsere Zeit versuchte das ursprüngliche Bild Elisabeths wiederherzustellen und in ihr jene Frau zu sehen, die in einer unruhigen Zeit Ernst machte mit der letzten inneren Forderung, indem sie sie bis zur äußersten Grenze erfüllte. Den ersten Schritt hierin tat Maria Maresch; ihr folgten Ida Friederike Görres, Reinhold Schneider, Gisbert Kranz usw. Alle diese neueren Schriften zeichnen ein hartes Lebensbild der Heiligen, Beschreibungen, die der Wahrheit näherkommen als die früheren, süßlichen Darstellungen. Sie ergehen sich nicht in lieblichen Ausschmückungen, sondern schildern, bei allem Charme, bewußt eine viel herbere Frauengestalt, die den aufgeschlossenen Leser noch heute stark fesselt.

Elisabeth verlangt unbedingt nach eigenen Maßstäben; sie kann und darf nicht mit unseren gewöhnlichen Werten gemessen werden. „Dieses Heiligenleben mutet einen bald wie ein Frühlings- und Maiengedicht, bald wie ein rüttelnder Sturm in dunkler Nacht, bald wie ein liebliches Idyll und bald wie eine bittere Tragödie an", eine paradoxe Formulierung, die deutlich zeigt, daß Elisabeth nie auf eine einfache Formel gebracht werden kann. In erster und letzter Linie bleibt sie, wie alle Heiligen, ein Geheimnis, das sich aller Enträtselung entzieht. Sie war eine Heilige, und deshalb ist es unstatthaft, sie zu einer halben Theologin machen zu wollen. Von einer lehrhaften Doktrin ist bei ihr nicht eine Spur zu entdecken.

Groß an Elisabeth war zunächst, daß sie in einer Zeit, da noch niemand von der Gleichberechtigung der Frau sprach, von Partnerschaft und wie alle diese Schlagworte lauten, ihr Schicksal selbst zu gestalten versuchte, sofern dies der Mensch überhaupt vermag. Diese einmalige Frau wuchs dadurch zu einer eindrucksvollen Persönlichkeit heran, die wie ein Fixstern am nächtlichen Himmel ihrer Zeit leuchtet. Sie verstand es, ihr weibliches Wesen in ihr Heiligkeitsstreben hineinzunehmen, und wuchs gerade dadurch weit über ihr Jahrhundert hinaus. Ihr selbstgestaltetes Frauenschicksal ist deswegen so mächtig, weil sie, trotz aller Einflüsse, stets ihrer eigenen Linie treu geblieben und darin ungemein zielstrebig war. Sie kannte keinen Bruch in ihrer Entwicklung. Je länger man sich mit Elisabeth beschäftigt, um so mehr staunt man über die Gestaltung ihres Lebens.

Elisabeth verfügte über zwei entgegengesetzte, sich sonst widerstreitende Eigenschaften, Anlagen, die sie zu einer Einheit zu verbinden vermochte.

Als Kind, als Mädchen und als Frau besaß sie einen unverkennbaren Charme. Etwas ungemein Anziehendes ging von ihr aus. Ihre Zeitgenossen haben dies empfunden, und selbst die heutigen Menschen spüren noch etwas von ihrer Wärme und ihrer Unmittelbarkeit. Nichts Gekünsteltes haftete ihr an. Ihr weibliches Naturell war von starker Ausprägung; sie war klug, aber nicht intellektualistisch, sie besaß ein begeisterungsfähiges Temperament und behielt zeitlebens dank ihrer Gefühlssicherheit eine reine Kindlichkeit – wahrhaftig, man kann sich keine schöneren Attribute bei einer Frau vorstellen.

Kompromißfrei wie Elisabeth war, kannte sie kein schwächliches Nachgeben und war auch nie zu Konzessionen bereit. Was sie als richtig erkannt hatte, führte sie auch durch, ohne nach rechts oder nach links zu schauen. Sie folgte konsequent ihrer inneren Stimme und wollte von keiner Abschwächung etwas wissen. Diese Folgerichtigkeit ist geradezu imponierend an dieser ungewöhnlichen Frau.

Elisabeth gestaltete mit ihrem Charme und ihrer Kompromißlosigkeit ihre christliche Existenz. Es war ihr ein bedeutsames Anliegen, christlich zu leben, und dabei begriff sie mit intuitiver Sicherheit, daß eine solche christliche Lebensweise keine Selbstverständlichkeit, keine Gewohnheit und kein konventionelles Verhalten ist. Viele Menschen nennen sich Christen und glauben es zu sein, weil sie getauft wurden. Das ist ein illusionärer Gedanke, denn die Taufe ist eine Möglichkeit, die ergriffen oder verschleudert werden kann, jedenfalls ist mit ihr die christliche Lebensführung nicht schon gegeben. Es bedarf eines bewußten Willensentschlusses und einer harten Anstrengung. Elisabeth kämpfte mit all ihren Kräften um ihre christliche Existenz. Ihre Sendung besteht in der Verwirklichung der radikal-christlichen Lebensweise, die bei ihr eine geradezu bedrängende Dichte annahm. Das war das wirkliche Problem ihres Daseins, und von daher muß ihr Leben aufgerollt werden, damit man ihrem tieferen Anliegen gerecht wird. Diese Bemühung ist vorbildlich an ihr; ob sie dies erreicht hat oder daran gescheitert ist, bleibt eine sekundäre Frage.

Der Wille zur bewußt christlichen Existenz ist das verbindende Element zwischen Elisabeth und uns. Was wir zutiefst möchten und was unserem oft inhaltslosen Dasein allein einen Sinn verleihen würde, wäre doch eine christliche Lebensweise, die nichts zu tun hat mit einem bequemen, bourgeoisen Leben, wobei das Wort ‚bürgerlich' in diesem Zusammenhang im geistigen und nicht im politischen Sinn gebraucht wird. Welche Dimensionen eine christliche Existenz in sich schließt und in welche geistigen Abenteuer man sich stürzt, wenn man sich das Christ-Werden zur Aufgabe stellt, das führt uns Elisabeth elementar und eindrücklich vor Augen. Siebenhundertfünfzig Jahre trennen uns von ihr, und dennoch weist sie uns den Weg. Freilich verlangt sie nach einer sinngemäßen Übertragung ihres Lebens auf unser Dasein. Elisabeth den „Ruhm Deutschlands" zu nennen ist eine edle, aber etwas billige Bezeichnung; es ist vielmehr das Anfeuernde und das Aufpeitschende ihrer Persönlichkeit, das uns im Gewissen trifft und auch uns in Trab versetzen will.

Einmal soll mir genügen

Elisabeth ist 1207 entweder in Sárospatak oder in Preßburg zur Welt gekommen. Der genaue Ort läßt sich nicht bestimmen, weil die Urkunden fehlen. Dagegen kam Meister Klingsor, nach der Chronik des Kaplans Berthold, in die Gegend von Eisenach und weissagte nach einer Gestirnsbetrachtung die Geburt Elisabeths, durch deren „lobsames, heiliges Leben die ganze Welt getröstet werden soll". Viele derartige vorgeburtliche Prophezeiungen finden sich in der hagiographischen Literatur; wenn ihnen auch kein geschichtlicher Wert zukommt, so sind sie doch für die Aureole eines Heiligen bezeichnend.

Elisabeths Vater, Andreas II., war König von Ungarn, und insofern war sie ungarischer Abstammung. Doch darf ihre ungarische Herkunft weder zu stark unterstrichen noch einfach verschwiegen werden. Man sah ihr die fremdländische Abkunft an. Ihr Gesicht war von schwarzgelockten Haaren umgeben, und ihre Hautfarbe war leicht bräunlich. Doch gibt es keine wirklichkeitsgetreue Darstellung von ihr, und die frühesten, bald nach ihrem Tode hergestellten Bildnisse können kaum den Anspruch auf Ähnlichkeit erheben. Elisabeth verbrachte nur die ersten vier Jahre ihres Lebens in Ungarn. Später, als jungvermählte Frau, besuchte sie ein einziges Mal ihr Heimatland. Wir wissen nicht, was sie bei dieser Gelegenheit darüber dachte und empfand.

Ihr Vater war ein phantasiebegabter, aber launischer Mann, der ein politisch unrühmliches Leben führte. In seinem weltlichen Denken kannte er keine religiösen Interessen. Die Mutter Gertrud stammte aus dem Geschlecht der Andechs aus Bayern, weshalb in Elisabeths Adern auch deutsches Blut floß. Gertrud war keine erfreuliche Gestalt. Zwar wird ihr ein „männlicher, freudiger Mut" nachgerühmt, aber sie war besitzgierig und ehrgeizig, herrschsüchtig und verschwenderisch. In Ungarn war sie höchst unbeliebt, weil sie egoistisch nur auf das Wohl ihrer Landsleute bedacht war. Eines Tages wurde die hochmütige Königin von ungarischen Adeligen im fremden Land grausam ermordet. Auch den beiden Schwestern von Gertrud war das denkbar verschiedenste Schicksal beschieden. Hedwig vermählte sich mit dem polnischen Fürsten Heinrich, lebte sich ganz in die slawische Welt ein und wurde zur allseitig verehrten schlesisch-polnischen Heiligen. Ihre Schwester Agnes dagegen verdrängte die Königin Ingeborg von König Philipps Seite, lebte in wilder Ehe mit dem französischen Herrscher und wurde darob von der Kirche gebannt. Ihren Bruder Egbert, Bischof von Bamberg, klagte man der Mitschuld an der Ermordung König Philipps von Schwaben an. Er floh auch vorübergehend an den ungarischen Hof seiner Schwester Gertrud. Aus dieser Abstammung kann Elisabeth wahrhaftig nicht erklärt werden.

Als Elisabeth vier Jahre alt war, kam eine thüringische Gesandtschaft nach Preßburg, wo Elisabeth ihre ersten Kinderjahre verbrachte. Die Gesandten warben mit Pauken und Trompeten um das kleine Kind. Thüringen und Ungarn sollten in eine nähere Beziehung kommen, weshalb man eine der üblichen Dynastien-Ehen plante, wie sie zu allen Zeiten an den Höfen geschlossen wurden. Das ungarische Königshaus nahm den Antrag an, und man zögerte nicht, der Gesandtschaft die kleine Elisabeth gleich mitzugeben, damit das Kind sich in die neue Umgebung einlebe und in ihr aufwachse. Eine reiche Mitgift legte man bei: ein silbernes Bettchen, ein silbernes Badewännchen, viele seidene Tücher und andere Kostbarkeiten. Es war ein Brautschatz von orientalischer Pracht, Geschenke, womit die Mutter die königliche Herkunft des Kindes unterstreichen wollte. In der Prachtentfaltung ging der Abschied des kleinen, jammernden Mädchens unter.

In Thüringen angekommen, war man über den Erfolg der Gesandten sehr beglückt. Man legte sofort das Kindchen in das Bett Heinrichs, des ältesten Sohnes des thüringischen Landesfürsten, was einer symbolischen Vollziehung der Ehe gleichkam. Wie sich das fremde Kind in der fremden Umgebung fühlte, wie es sich mit Heinrich vertrug, wissen wir nicht. Freilich starb Heinrich noch als Knabe, so daß die geplante Eheschließung gar nicht zustande kam. Elisabeth wuchs mit Heinrichs Bruder Ludwig auf und spielte mit ihm, wie Geschwister zu spielen pflegen.

Zunächst war Elisabeth ein Kind wie andere Kinder auch, obwohl nur blasse Schilderungen überliefert sind. Sicher ist, daß man dem vierjährigen Kind ganz gewiß die zukünftige Heilige nicht angesehen hat. Es spielte mit seinen Gefährten Guda und Isentrud, hüpfte nach Kinderart gerne herum und war darauf bedacht, beim Spiel zu gewinnen. Auch tanzte sie ebenso beglückt den Reigen, sagte aber dabei: „Einmal soll mir genügen, die andern Runden will ich Gott zuliebe unterlassen." Ein derart ungewöhnliches Wort aus einem Kindermund läßt aufhorchen. Während sonst Kinder überall dabeisein wollen und nicht gerne mit dem Spiel aufhören, versagte sich die kleine Elisabeth die Wiederholung. „Einmal soll mir genügen" ist eine Äußerung, die man im Gedächtnis behalten muß. Schon früh hatte Elisabeth eine gewisse Vorliebe für Frömmigkeitsübungen; sie beugte gerne die Knie und küßte die Türklinken der Kirchen, wenn sie geschlossen waren. Wohl geschah dies, ihrem kindlichen Alter entsprechend, eher in einer spielerischen Weise, jedenfalls darf man einen solchen Überschwang nicht allzu wichtig nehmen. Elisabeth hegte zeitlebens eine besondere Liebe für den Apostel Johannes, begehrte sie doch, gleich ihm, an des Herrn Brust zu liegen. Das war die eine Seite ihrer kindlichen Seele, welche die früheren Hagiographen breit auswalzten.

Darüber darf man jedoch die andere Charakteranlage nicht verschweigen, wenn es gilt, Ernst zu machen mit der Bemühung, Elisabeth ein wenig anders zu sehen. Elisabeth war ein fröhliches Kind, und auch später trug ihr Frohmut viel zum Charme ihrer Persönlichkeit bei. Bei aller Frömmigkeit war sie jedoch auch ein wildes Kind, das zu gerne im Galopp über die weiten Wiesen ritt. Sie wuchs zu einer geübten Reiterin heran und liebte es, bei Wind und Wetter im Sattel zu sitzen. Wahrscheinlich machte sich hier die ungarische Abstammung geltend, jedenfalls erkennt man darin die in ihr schlummernden Möglichkeiten. Bei ihrem stürmischen Temperament ist es ihr gewiß nicht leichtgefallen, das steife Hofzeremoniell zu beobachten, in kleinen Schrittchen einherzutrippeln und ja keine leidenschaftlichen Bewegungen zu tun.

Der Wille zum Verzicht – „einmal soll mir genügen" – und die Leidenschaft zum Reiten bilden die Spannung ihrer Jugendzeit. Doch vermochte sie die verschiedenartigen Bestrebungen zu einer Einheit zu vereinigen, und wenn Elisabeth die Bewältigung dieser Spannungen nicht gelungen wäre, läge bei ihr nicht diese eindrucksvolle Verwirklichung der christlichen Existenz vor.

Freilich war die innere Formung nicht ohne weiteres gegeben, da sie zunächst in eine alles andere als günstig zu bezeichnende Umgebung hineingestellt war. Ihr zukünftiger Schwiegervater, Landesfürst Hermann, war eine fragwürdige Persönlichkeit. In politischer Hinsicht vertrat er keine eindeutige Linie, bald hielt er es mit dieser, bald mit jener Partei; er war im Grunde ein Opportunist, der gerne auf der Seite der Sieger stand. Hermann war verschlagen und schreckte auch nicht vor ungesetzlichen Taten zurück. Er versuchte sein Schaukelspiel durch ein musisches Interesse auszugleichen. Wie echt es war, muß unentschieden bleiben, vielleicht war es nur ein Politikum. Er zog die Minnesänger an seinen Hof und spielte sich als deren freigebiger Mäzen auf. Der Minnegesang brachte ein neues Element in die abendländische Geistesgeschichte hinein. Die Lieder galten der Frau, die bis dahin eine untergeordnete Rolle gespielt und sich im Hintergrund aufgehalten hatte. Wohl erlebte Elisabeth das Zeitalter der Troubadours, aber es blieb ohne Einfluß auf sie. Sie begehrte die reale Anerkennung ihrer Persönlichkeit und nicht nur den idealen Gesang über die Frau. In Hofkreisen hob man die Frau auf ein Piedestal, besang ihre Hoheit und Würde und begehrte sie nicht. Dadurch veränderte sich ihre Stellung und ihre Bewertung. Die Sänger waren Künstlernaturen, und Hermann liebte es, sie in jeder Beziehung zu fördern. Freilich arteten die Feste am Thüringer Hof gerne in ein wüstes Gelage aus. Walther von der Vogelweide bezeugt mit eigenen Worten: „Wer ohrenkrank ist, dem rate ich, den Hof von Thüringen zu meiden. Denn wenn er dorthin kommt, wird er wahrhaftig verrückt. Ich habe mich dort ins Gedränge gemischt, bis ich es satt hatte. Die Scharen kommen und gehen Tag und Nacht. Man muß sich wundern, daß jemand da noch hören kann. Der Landgraf ist so gesinnt, daß er mit stolzen Helden, von denen jeder ein Kämpfer sein könnte, seine Habe verpraßt. Ich kenne seinen üppigen Lebensstil: Selbst wenn ein Fuder guten Weines tausend Pfund kostete, stünde trotzdem keines Ritters Becher leer." Der Landesfürst geriet auch mit der Kirche in Schwierigkeiten, trug ihm doch der Streit mit dem Erzbischof von Mainz den kirchlichen Bann ein. Zusehends verdüsterte sich sein Gemüt; er fiel zuletzt in geistige Umnachtung und starb unversöhnt mit der Kirche. Nach einem Bericht blieb Elisabeth einst vor dem Gebeinhaus stehen und sagte zu ihren Spielgefährten: „Hier sind die

Gebeine der Toten, diese waren lebend wie wir, und nun sind sie tot, wie auch wir tot sein werden" – eine merkwürdige Äußerung aus einem Kindermund.

Hermanns Gattin, Sophie, vermochte das unerfreuliche Gebaren ihres Mannes weder einzudämmen noch auf andere Bahnen zu lenken. Sie erzog die Kinder und versuchte, einen nachhaltigen Einfluß auf sie zu gewinnen. Für Elisabeth war sie keineswegs „die böse Stiefmutter", wie dies in der Legende geschildert wird. Gemäß den Frauen auf den Burgen huldigte auch sie einer konventionellen Frömmigkeit. Ihre Religiosität aber besaß keine eigenständige Note. Wohl mochte die quecksilberige Elisabeth ihr manche Sorgen in der Erziehung bereitet haben. Nach dem Tode Hermanns führte sie noch bis zur Volljährigkeit Ludwigs die Regentschaft weiter, entledigte sich dann der fürstlichen Kleider, trat in ein Zisterzienserinnenkloster ein und beschloß ihren Lebensabend, indem sie für die Sünden ihres verstorbenen Mannes sühnte.

In dieser thüringischen Hofgesellschaft, in der Herrschsucht, Habgier und Sinnlichkeit an der Tagesordnung waren, wuchs die junge Elisabeth heran. Diese Umgebung war nicht ungefährlich, denn leicht wäre es möglich gewesen, daß die junge Elisabeth in den Sog der Vergnügungen hineingeraten wäre. Statt dessen nahm sie mit der beginnenden Pubertät eine oppositionelle Einstellung ein. Offenbar haben sich damals schon die Kinder gegen die Eltern aufgelehnt. Die vielen Empörungen der Söhne gegen die väterliche Herrschaft in der abendländischen Geschichte reden eine deutliche Sprache. Auch Elisabeth prallte mit ihrer fürstlichen Umgebung zusammen, und in den Meinungsverschiedenheiten war sie keineswegs willens, klein beizugeben. Zwar trat sie nicht als moralische Anklägerin auf, eher war es ein stummer, passiver Widerstand, aber unzweifelhaft ein Widerstand, dessen oppositioneller Charakter gar nicht zu übersehen war. Sie fand es falsch, in einem beständigen Festrummel zu leben; sie unterstrich deshalb ihre Andersartigkeit und begann, ihre Frömmigkeit zu betonen. Es kam vor, daß sie beim Eintritt in die Kirche „die Krone von ihrem Kopf nahm, sie neben sich legte und sie erst nach Beendigung des Gottesdienstes wieder aufsetzte". Die Pflegemutter Sophie war in ihrer konventionellen Auffassung über ein derartiges Benehmen entsetzt: „Jungfrau Elisabeth, was meint Ihr nun damit, wollt Ihr bei uns neue Sitten einführen, damit uns die Leute auslachen?" Elisabeth ließ sich nicht aus der Fassung bringen und antwortete ruhig: „Ferne sei mir, im Angesicht meines Gottes und Königs Jesus Christus, den ich mit Dornen gekrönt erblicke, selbst ein geringes und aus Erde gebildetes Geschöpf, mit eitler Überheblichkeit gekrönt zu erscheinen." Sophie aber erwiderte entrüstet: „Elisabeth, du solltest nicht unter die herrschenden Fürsten, sondern zu den dienenden Mägden gezählt werden." Der Zusammenprall zwischen Elisabeth und der höfischen Welt war heftig, man glaubt, den Knall noch heute in den Ohren zu hören. In der derben Zurechtweisung war ein prophetisches Element enthalten: Elisabeth gehörte zu den armen Leuten und nicht zur vornehmen Welt. Man mißverstand ihr Verhalten zunächst als trotzige und unverzeihliche Mißachtung der Standesehre, weshalb die Damen des thüringischen Hofes das ungarische Mädchen als ein fremdes, störendes Element empfanden und sich dementsprechend feindselig verhielten.

Später vertiefte sich noch Elisabeths oppositionelle Haltung, indem sie, im Hinblick auf die schrecklichen Taten ihrer Vorfahren, sagte: „Sie müsse, was hinter ihr liege, durch das Entgegengesetzte ausgleichen und zu heilen suchen.“ Das ist im ersten Moment ein rätselhaftes Wort, aber je länger man über den Gedanken „Gegensätze durch Gegensätze auszugleichen“ nachdenkt, um so erstaunlicher wirkt der Ausspruch. Die ungemein tiefsinnige Äußerung ist von immerwährender Gültigkeit und zeigt den einzig möglichen Weg einer echten Vergangenheits-Bewältigung. Gar viele Menschen werden und werden mit ihrer Vergangenheit nicht fertig. Sie hängt wie ein schwerer Klotz an ihren Füßen. Elisabeth dagegen fand die neue Möglichkeit. Sie wollte dem unbändigen Machtwillen ihrer Sippe durch eine immerwährende demütige Haltung ein Ende bereiten. Dies wurde selten versucht, und darum ist die Geschichte ein ewiger Kreislauf von Leid und Elend. Statt mit dem allgemeinen Strom des Verderbens zu schwimmen, muß man bewußt den entgegengesetzten Standpunkt einnehmen, denn nur dadurch sühnt und heilt man die Krankheit einer Generation. Gegensätze durch Gegensätze ausgleichen ist inmitten des verwirrenden Weltgetriebes die neue Parole der Christen, die wir bis dahin nicht bedacht haben. Elisabeth hat sie ausgesprochen und hat damit gezeigt, daß ihre christliche Existenz viel ideenreicher war, als gewöhnlich angenommen wird. Aber es blieb nicht bei den bloßen Ideen, sondern sie baute sie in ihr Dasein ein und realisierte sie. Damit bereitete sie der ewigen Wiederkehr des gleichen ein endgültiges Ende, und zugleich leitete sie den neuen Anfang des Heils ein.

Sie küßten sich mit Herz und Mund

Elisabeths Stellung am Hofe wurde von Tag zu Tag unsicherer. Der ihr zugedachte Ehegatte war im Knabenalter gestorben, weitere Mitgiftzuschüsse blieben seit der Ermordung ihrer Mutter aus, und deshalb überlegten einige Leute am Hof, man müßte Elisabeth zu ihrem Vater nach Ungarn zurückschicken.

Sie selbst hatte dabei ein unsicheres Gefühl. Die Entscheidung lag beim jungen Ludwig, der nach dem frühen Tod seines Bruders die Herrschaft übernehmen sollte. Es war damals ungewiß, ob er auch an Elisabeth dachte. Zwar verstanden sich die beiden gut, war er doch ihr Spielgenosse seit Kindertagen, und sie nannten sich Bruder und Schwester. Aber Elisabeth war zu scheu, um ihn zu fragen, und vertraute sich daher in ihrer Ungewißheit dem

Ritter Walther von Vargila an, der sie einst von Ungarn geholt hatte. Er war stets ein gerader, ihr treu ergebener Mann gewesen.

Ritter Walther wandte sich hierauf direkt an Ludwig und fragte ihn, wie er es mit Elisabeth zu halten gedenke. Seine Antwort war von eindeutiger Klarheit: „Siehst du den großen Berg vor uns liegen? Wäre der aus rotem Gold, so wäre er mein, und doch würde ich meine liebe Buhle Elisabeth vorziehen. Man sage, was man sage, so spreche ich es doch aus, daß sie mir lieb ist und daß ich auf diesem Erdreich nichts Lieberes habe.“ Niemand kann mit Bestimmtheit sagen, wie tief er Elisabeths Wesen erfaßt hatte, aber ganz sicher war er der einzige Mann auf der Wartburg, der etwas von der Seele dieser Frau geahnt hat.

Damit war Elisabeths Schicksal entschieden. Als sie dreizehn Jahre alt geworden war, wurde die Ehe mit dem zwanzigjährigen Ludwig geschlossen und mit großer Pracht gefeiert. Solche Frühehen waren im Mittelalter keineswegs unbekannt. Gegenseitige Liebe und nicht dynastische Überlegungen hatte sie zusammengeführt. Es war eine gute Ehe, erfüllt von einer tiefen Zuneigung, und trotzdem sprachen sie sich nach wie vor mit „liebster Bruder“ und „liebste Schwester“ an. Es ist falsch, von einem „Drama der Ehe“ zu reden, wie dies schon in Beziehung auf Elisabeth geschehen ist. Selbstverständlich schließt auch die beste Ehe gewisse Schwierigkeiten in sich, weil zwei Willen in einen Willen zusammenschmelzen sollten. Ebenso ist es nicht nötig, über Elisabeths Zweieinigkeit prüde den „Schleier des Schweigens“ auszubreiten.

Gewiß war Ludwig ein anderer Mensch als Elisabeth und auch eine andere Persönlichkeit als sein Vater. Über Ludwig schrieb sein Kaplan Berthold von Reinhardsbrunn eine lateinische Biographie, die jedoch verlorengegangen ist. Der Biograph Elisabeths, Dietrich von Apolda, hat sie gekannt und sie in seinem Text mitverarbeitet. Es ist übertrieben und entspricht nicht dem Realismus des Lebens, wenn es heißt, „ein Heiliger verband sich mit einer Heiligen“. Davon kann keine Rede sein. Ludwig war von männlicher schöner Gestalt, von guter Gesinnung und beständiger Wesensart. Gewiß, er war ein mittelalterlicher Fürst, der sich mit Politik beschäftigte und auch vor Gewalttaten nicht zurückschreckte. Er fühlte sich der faszinierenden Persönlichkeit Kaiser Friedrichs II., seines Vetters, sehr zugetan, ohne dessen zynische Einstellung zum Christentum zu durchschauen. Er scheute sich auch nicht, dem Erzbischof von Mainz Fehde anzusagen, und nahm dafür sogar, wie sein Vater, den Kirchenbann auf sich.

Doch besaß er drei hoch anzurechnende, nicht alltägliche Eigenschaften. Vor allem liebte er Elisabeth aufrichtig und war ihr von Herzen zugetan. Er koste mit ihr so gerne und gab ihr seine starke Zuneigung immer wieder zu erkennen. Im alten Text heißt es: „Sie führten ein liebliches und geistliches Leben miteinander. Sie hatten eine unaussprechliche Liebe zusammen in Gott. Der heilige Engel war oft ein Bote zwischen ihnen.“ Gibt es etwas Schöneres? So prachtvoll steht es in den alten Quellen geschrieben, nach denen Ludwig würdig war, Elisabeths Bettgenosse zu sein. In moderner Sprache ausgedrückt, war ihnen die eheliche Vereinigung ein tiefes Erlebnis, das sie als eine gottgeschaffene Ordnung bejahten.

Ludwig blieb auch zeitlebens Elisabeth treu. Das war zu jener Zeit nicht selbstverständlich. Da die Fürsten gewöhnlich aus dynastischen Gründen ihre Ehe schlossen, waren sie selten von einer wirklichen Liebe zu ihren Frauen erfüllt. Auf ihren häufigen Kriegspfaden pflegten sie hübsche Bauernmädchen zu sich ins Lager zu nehmen, um sich mit ihnen zu amüsieren. Ganz anders verhielt sich Ludwig. Die Ritter machten auch ihn auf Mädchen für nächtliche Abwechslungen aufmerksam. Er aber wies die Vorschläge entschieden zurück und drohte ihnen, seine Gunst von ihnen zurückzuziehen, sollten sie das Ansinnen wiederholen. Ludwig war nicht willens, durch ein gemeines Verhalten die edle Elisabeth zu kränken.

Die dritte anerkennenswerte Eigenschaft Ludwigs war seine Großzügigkeit. Sie wirkte sich besonders wohltuend gegenüber Elisabeth aus. Zwar war ihr Eheverhältnis viel persönlicher, als es damals an den Fürstenhöfen Sitte war. Entgegen dem herrschenden Brauch nahmen sie beispielsweise ihre Mahlzeiten Seite an Seite ein. Elisabeth liebte Ludwig innig, und doch versuchte sie, ihren eigenen Weg zu gehen, einen Weg, der von dem seinen verschieden war. Ludwig war stark in weltliche Angelegenheiten verstrickt und ließ Elisabeth gewähren, ohne daß sie sich dabei entfremdet hätten. In Elisabeth bereitete sich die himmelstürmende Gotik vor; sie war so einseitig und eindeutig nach oben gerichtet wie die hohen gotischen Dome, eine Haltung, die manchmal von Ludwig viel Verständnis erforderte. Nach außen verteidigte er Elisabeth stets, und vor allem stellte er sich ihr nie hemmend in den Weg. Sie durfte sich entfalten, wie es ihrem Wesen entsprach, ohne daß Ludwig dagegen Einspruch erhoben hätte. Nicht alle Männer wären bereit gewesen, so großzügig zu handeln, wie Ludwig dies getan hat.

Die Ehe Elisabeths mit Ludwig war durch eine ausgesprochene Zärtlichkeit gekennzeichnet. Ohne Wärme und Innigkeit gibt es keine gute Ehe. Elisabeth war ihrem Gatten in heißer Liebe zugetan, sie hing an ihm und war nicht zu spröde, ihm diese starke Zuneigung auch zu zeigen. Sie hielt es nicht aus, lange von ihm fern zu sein, weshalb sie ihn, sofern es möglich war, auf seinen Reisen zu Pferde begleitete. Weder Regen noch Sonnenhitze vermochte sie davon abzuhalten. War doch einmal eine Trennung notwendig, flog sie ihm bei seiner Heimkehr mit offenen Armen entgegen und „küßte ihn mit Herz und Mund mehr denn tausend Stund", wie es in der alten Berichterstattung ganz ungeniert heißt. Von sich stürmisch küssenden Heiligen liest man gewöhnlich nichts in den hagiographischen Büchern. Warum eigentlich nicht? Die echte Liebesverbundenheit ist doch ein erfreuliches Erlebnis, und es grenzt an Unnatürlichkeit, wenn man sich dessen schämt. Wer sich bemüht, Elisabeth ein wenig anders zu sehen, wertet die sich leidenschaftlich liebenden Ehegatten unstreitig als ein gutes Zeichen. Sie dachten gar nicht an eine Sublimierung ihrer Liebe, da sie solche Künste nicht nötig hatten und sich ihre Zuneigung eher nach dem Hohenlied

Salomos vollzog, wonach sich Sulamith nicht scheute zu gestehen: „Ich bin krank vor Liebe“ und dann in den Jubelruf ausbrach: „Mein Geliebter ist mein, und ich bin sein!“

Gelegentlich plagten Elisabeth Gewissensbisse; sie fragte sich, ob sie Ludwig nicht allzusehr liebe und ob diese Liebe zu ihrem Gatten nicht der Liebe zu Gott im Wege stehe. War sie nicht zwischen ihrem himmlischen und ihrem irdischen Bräutigam unheilvoll hin- und hergerissen? Während einer Messe kam einst ein starkes Verlangen nach Ludwig über sie, so daß sie der Wandlung auf dem Altar nicht richtig zu folgen vermochte. Als ihr dies zum Bewußtsein gekommen war, überfiel sie ein heftiges Schuldgefühl. Sie gestand Ludwig ihre Verfehlung, und er zögerte nicht, sie in liebevollem Verständnis zu trösten und zu beruhigen.

Nachts, wenn Elisabeth Ludwig schlafend wähnte, stand sie heimlich auf, um zu beten. Zuweilen hielt er auch ihre Hand in der seinen und bat sie, in ihren nächtlichen Übungen maßvoll zu sein. Wenn sie sich aber in einer dunklen Kammer Bußübungen auferlegt hatte, ging sie hernach heiter zu ihrem Gemahl zurück. Ludwig stellte sich zuweilen auch schlafend und tat, als ob er von ihrem Gebetsbedürfnis nichts merke. Dabei ergaben sich oft köstliche Szenen. Das verabredete Zeichen war, daß die Magd Elisabeth an der Zehe zupfe, damit sie wach werde für das nächtliche Gebet. Einmal erwischte die Magd im Dunkeln Ludwigs Zehe, worauf dieser nicht etwa unwillig wurde, im Gegenteil, er bejahte freudvoll die nächtlichen Gebete seiner Frau. Elisabeth hatte wahrhaftig nichts zu tun mit den Festlichkeiten am thüringischen Hof, gehörte sie doch einer ganz anderen Welt an.

Wie anders ihre Gedanken liefen, geht aus einem nächtlichen Gespräch hervor. Nicht oft sind wir in der Lage, Heilige im Alkoven zu belauschen. Es ist dies auch nicht nötig und würde nur eine unsympathische Neugierde verraten. Aber bei Elisabeth sind wir unfreiwillig in eine Schlafzimmer-Situation geraten. Eines Nachts, als die beiden Gatten noch wach im Bett lagen, sagte Elisabeth zu Ludwig: „Wir sollten ein gutes und armes Leben führen, durch das wir Gott dienen können.“ Der Landgraf fragte: „Was wäre das für ein Leben?“ Darauf erwiderte sie: „Ich wollte, wir hätten nur einen Acker Land und zweihundert Schafe. Ihr würdet das Land mit Euren Händen bebauen und ich würde die Schafe melken.“ Darauf lächelte der Graf über ihre Schlichtheit und sagte: „Ich beglückwünsche dich zu deiner Kindlichkeit.“ Und er fügte hinzu: „Liebe Schwester, wenn wir einen Acker Land hätten und zweihundert Schafe, so wären wir nicht arm, sondern sehr wohlhabend.“ Aus diesem Vorschlag Elisabeths spricht Klugheit und Naivität zugleich, eine Verbindung, die viel zu ihrem Charme beigetragen hat.

Einen wahren Schrecken erlebte Elisabeth, als sie einmal in vertraulicher Liebe neben Ludwig saß, ihm spielend in die Hosentasche griff und dabei auf das Kreuz stieß, das ihn verpflichtete, am nächsten Kreuzzug ins Heilige Land teilzunehmen. Elisabeth war dermaßen bestürzt, daß sie zu Boden sank und ihre Herzensfreude ein jähes Ende nahm. Sie wußte, daß damit eine längere Trennung verbunden war und wußte auch um die unbekannten Gefahren, denen Ludwig entgegenging; darüber hinaus verlangte man von ihr eine Ergebung in dieses kriegerische Vorhaben, das man als ein von Gott gewolltes Werk betrachtete.

Einige Wochen hernach sammelte Ludwig seine Männer und ritt mit ihnen gegen Süden. Elisabeth begleitete ihn zunächst bis an die Grenzen des Landes, fühlte sich aber nicht fähig, von ihrem Gatten Abschied zu nehmen. Sie ritt noch eine Tagereise weiter, worauf einer der Ritter Ludwig mahnte, es habe keinen Wert, die Trennung immer weiter hinauszuschieben. Schließlich kam es zu der schweren Stunde, da Elisabeth und Ludwig sich zum Abschied fest umschlugen hielten und es ihr fast nicht möglich war, sich von ihm zu lösen. Sie küßten sich zum letzten Male, worauf Elisabeth weinend den Rückweg antrat. Auf der Wartburg angekommen, zog sie sich sogleich um und trug fortan nur noch Witwenkleider, was sie übrigens stets während der Abwesenheit ihres Gatten getan hatte.

Ludwig hatte sich zum kaiserlichen Heer des gebannten Staufers Friedrich II. gesellt, der ihn sogar zu seinem Stellvertreter ernannte. Das Kreuzfahrerheer kam bis Brindisi und wollte sich dort einschiffen. In der Augusthitze wurde Ludwig plötzlich vom Fieber geschüttelt; er begab sich sofort auf das Meer und hoffte, dort zu genesen. Sein Zustand verschlimmerte sich, und innerhalb weniger Tage raffte ihn die Seuche dahin. Er starb, ohne das Heilige Land gesehen zu haben.

Die Schwiegermutter übernahm es, Elisabeth die traurige Nachricht mitzuteilen. Sie vermochte es im ersten Augenblick nicht zu fassen und glaubte, Ludwig sei in Gefangenschaft geraten. Doch als man ihr aber sagte, er sei gestorben, schrie sie laut: „Tot ist er!, dann ist mir die Welt tot und alles, was an ihr süß ist." Elisabeth lief wie eine Rasende laut weinend im Zimmer umher und stieß mit der Stirn an die Wand. So leidenschaftlich ihre Liebe zu dem heißgeliebten Gatten war, so hemmungslos war ihr wilder Schmerz. Ihre Verzweiflung kannte keine Grenzen. Der dabeistehende Beichtvater schüttelte unwillig den Kopf und meinte mißbilligend: „Ist das Euer Frommsein, Frau Elisabeth? Kennt Ihr nicht mehr Ergebung in des Schöpfers Willen?" Konrad von Marburg war unfähig zu verstehen, was im Herzen einer liebenden Gattin vor sich geht, wenn sie ihren Ehegefährten verliert. Der temperamentvolle Schmerzensausbruch Elisabeths hat, wie jedes qualvolle Leid, zunächst Anspruch auf Respektierung. Der einfachste Anstand gebietet es, vor dem Schmerz ehrfürchtig stillezustehen und sich zu verneigen; erst nachher dürfte man vorsichtig ein Verstehen bezeugen. Nach dem Verzweiflungsschrei glich sie einer Sterbenden: mit geschlossenen Augen lag sie in ihrer Kammer und nahm weder Speise noch Trank zu sich. Niemand vermochte sie aus ihrer Starrheit zu erwecken. Tatsächlich hat Elisabeth nicht nur der Liebe Seligkeit ausgekostet, sondern hat auch das tiefe Leid einer plötzlich einsamen Witwe schmerzvoll an sich erfahren. Es gehört zum schwersten Schicksal einer Frau, ihren geliebten Gatten zu verlieren, ist sie doch fest überzeugt, nie im Leben mehr fröhlich sein zu können.

Das Gefühl, das Leben nun allein bestehen zu müssen, ist für jede Witwe schwer zu ertragen. Die trostlose Einsamkeit kommt ihr jeden Tag zum Bewußtsein und läßt sie ihre Verlassenheit spüren. Auch Elisabeth hat das düstere Witwen-Dasein in seiner ganzen Unabänderlichkeit durchlitten, das man nur mit den Worten aus dem „Buch Ruth" kommentieren kann: „Heißt mich nicht Naemi, das ist die Liebliche, heißt mich Mara, das ist die Bittere; denn der Allmächtige hat viel Bitteres über mich verhängt."

Ludwig wurde zunächst begraben, dann exhumiert und sein Leichnam präpariert. Hierauf legte man seine weißen Gebeine in einen Schrein, den man alsdann nach Deutschland überführte. Man rief Elisabeth nach Bamberg, wo ihr Onkel ein mehr weltlich als religiös gesinnter Erzbischof war. Vor ihren Augen öffnete man den Schrein, und sie sah die Gebeine des Menschen, dem sie einst als Gemahlin angetraut worden war. Leise weinend sagte sie: „Herr, ich danke dir, daß du mir in deiner Barmherzigkeit mit den heißersehnten Gebeinen meines Ehegemahls Trost spendest. Du weißt: so sehr ich ihn auch liebte, ich will ihn dir nicht neiden. Er hat sich auf seinen und meinen Wunsch zum Schutz des Heiligen Landes geopfert. Könnte ich ihn wiederhaben, so wollte ich ihn gegen die ganze Welt eintauschen, selbst wenn ich mit ihm betteln gehen müßte. Aber gegen deinen Willen möchte ich ihn – dafür bist du Zeuge – nicht um den Preis eines einzigen Haares zurückkaufen. Ich empfehle ihn und mich deiner Gnade. An uns geschehe dein Wille!" So sprach, am ganzen Leibe zitternd, die neunzehnjährige Witwe. Dann wurde Ludwig beigesetzt.

Elisabeths Ehe war kurz, aber bis an den Rand angefüllt. Sie erlebte die aufkeimende Liebe, die glückselige Mutterschaft und das in Trauer gehüllte Witwendasein in ihrer ganzen Tiefe, und keineswegs durchwanderte sie diese verschiedenen Lebensstadien traumverloren. Das abschließende Wort über Elisabeths Ehe verbindet sich mit der Aussage einer Karmelitin: „In katholischen frommen Kreisen gewisser Art ist das gräßliche, ganz unbiblische Vorurteil gegen eine Ehe heiliger Leute noch nicht ausgerottet. Es ist ja auch skandalös, wie selten oder sozusagen nie eine Heiligsprechung von Menschen gelingt, die in einer Ehe auch nur früher gelebt haben, geschweige denn bis zu ihrem Tod in einer solchen lebten." Diese Äußerung ist leider wahr; wir müssen uns von diesem Vorurteil befreien, weil es in der Wahrheit nicht bestehen kann. Elisabeths Ehe läßt sich weder bestreiten noch in eine Josefsehe umdichten, wie dies fälschlicherweise bei der heiligen Kunigunde geschehen ist. Auch ist das Wort von Konrad von Marburg unwahr, wonach Elisabeth in eine Wehklage ausgebrochen sei, „daß sie sich jemals ehelich gebunden habe und also nicht als Jungfrau ihr irdisches Leben habe beschließen können". Gegen diese briefliche Äußerung Konrads von Marburg ist ein berechtigter Zweifel angebracht, denn daraus ginge hervor, Elisabeth hätte ihre Ehe mit Ludwig bereut. Man hält Elisabeth eines solchen Unrechtes gegenüber ihrem Gemahl nicht für fähig. Was Konrad von Marburg schrieb, entsprach seiner asketischen Vorstellungswelt, nicht aber jener Elisabeths.

Elisabeths Ehe veranlaßt uns vielmehr, nachdrücklich zu betonen, daß die Ehe von Gott eingesetzt und von Christus bestätigt worden ist: „So sind nun die beiden nicht zwei, sondern ein Fleisch." Die Ehe steht nicht *unter* der Jungfräulichkeit, denn schließlich ist die Ehe ein Sakrament und nicht etwa die Jungfräulichkeit. Elisabeths Ehe führt uns in die Natürlichkeit zurück, die den Christen zu ihrem Schaden oft verlorengegangen ist. Ein verkrampftes Verhalten hat noch niemandem geholfen. Wir müssen die Heiligen in ihrer natürlichen Menschlichkeit sehen – das allein macht sie wieder liebenswert. Elisabeth besaß diese unmittelbare Liebesfähigkeit. Bei ihr verflochten sich Eros und Agape zu einer Einheit; sie wurde nicht *trotz* ihrer ehelichen Liebe, sondern gerade *in* ihrem emotionalen Eheerlebnis heilig. Sie war ein Mensch, der sich nach Nähe, Zärtlichkeit und Geborgenheit sehnte und sich dieser Gefühle nicht schämte. Elisabeth hat uns große Dienste geleistet, indem ihre liebeglühende Seele heiligen Charakter angenommen hat. Wir reden ganz bewußt einer gefühlsbetonten Ehe das Wort, einer Ehe, die auf der Grundlage gegenseitiger Liebe und Treue ruht. Niemals ist Herzenskälte ein Weg zur Heiligkeit. Der vorbehaltlos zu bejahende Eros gehört selbstverständlich zu einer Ehe, aber der Eros allein genügt nicht; er bedarf einer Voraussetzung, und das ist eine geistig-religiöse Gemeinsamkeit. In einer Zeit, da mit der Ehe leichtfertig und oft verantwortungslos umgegangen wird, treten wir eindeutig für eine erfüllte Ehe ein, die der Schöpfungsordnung Gottes entspricht.

Der christliche Protest

Noch zu Lebzeiten Ludwigs wählte Elisabeth, im Einverständnis mit ihrem Gatten, Magister Konrad von Marburg zu ihrem Beichtvater. Sie gelobte ihm im Katharinenkloster Eisenach in allen Dingen Gehorsam, ausgenommen der Rechte des Ehemannes. Es bleibt der Diskussion unterstellt, ob diese Wahl glücklich war oder nicht. In der neueren Literatur wagte es niemand, ihn zu verteidigen, jedenfalls gab es keinen Historiker, der nur von entfernt zu ihm gestanden wäre. Die Geschichtsschreibung muß der Gefahr entgehen, Konrad von Marburg zu verharmlosen oder ihn zu verlästern. Beide Darstellungsmethoden mangeln der notwendigen Überlegenheit.

Der aus dem niederen Adel stammende Konrad von Marburg ist eine undurchsichtige Persönlichkeit. An sich in seinem Wesen kompliziert, waren in seiner Brust Abgründe vorhanden, die alles Begreifen übersteigen. Der wortgewaltige Mann hat im Leben weder Liebe erfahren noch Liebe gespendet. In seinen Augen glühte nur das gefährliche Feuer des Fanatismus.

Magister Konrad war ein gelehrter Mann, der das durchschnittliche Maß des Geistlichen überragte. Scharfgeschnittene Gesichtszüge kennzeichneten seine asketische Anlage. Er lehnte alle Pfründen ab, eine Einstellung, die Elisabeth und auch Ludwig beeindruckte, weshalb sie ihn zum Beichtvater wählten.

Der Papst ernannte diesen ernsten Mann zum Kreuzzugsprediger für Deutschland. Konrad kam diesem Auftrag mit Hingabe nach, ritt auf einem Esel von Ort zu Ort, predigte, und die Menschen lauschten mit großem Interesse.

Fraglos war Konrad von Marburg ein eifriger Mann, aber was Paulus im Römerbrief von den Israeliten schrieb, galt auch für Konrad: „Ich gebe ihnen das Zeugnis, daß sie eifern um Gott, aber mit Unverstand." Sein Übereifer wurde ihm denn auch zum Verhängnis. Nach Elisabeths Tod ernannte der Papst Konrad von Marburg zum ersten Inquisitor Deutschlands. Es begann sich damals eine aus Bulgarien stammende gnostische Irrlehre auszubreiten, gegen die sich Konrad von Marburg in den Kampf stürzte. Er schnüffelte ihr eifrig nach, trieb zu Tausenden wirkliche und angebliche Ketzer zusammen und überantwortete sie völlig unberechenbar dem Feuertod. „Die Zahl der Verurteilten machte ihm größere Freude als die Zahl der Unschuldigen", berichtet die Sponheimer Chronik, und nach den Wormser Annalen wollte er „hundert Unschuldige verbrennen, wenn nur ein Schuldiger darunter ist". Ohne Gerichtsverfahren erfolgte Anzeige und Verbrennung rasch aufeinander. Die rheinischen Städte schauten wie gelähmt diesem irrsinnigen Wüten zu. Man ist versucht, bei Magister Konrad eine Verdunkelung seines Geistes zu vermuten. Das Volk zitterte vor Schrecken. Sein willkürliches, jedem Rechtsempfinden hohnsprechendes Vorgehen empörte schließlich die Adelskreise dermaßen, daß einige Ritter beschlossen, ihm in der Nähe von Marburg aufzulauern. Mit Tränen in den Augen flehte er um sein Leben, aber für den Mann, der nie Erbarmen gezeigt hatte, gab es nach dem Urteil der Attentäter keine Gnade. Obwohl sich sein Begleiter schützend auf ihn warf, hieben sie ihn in Stücke. Die Ritter mußten sich für ihre Tat auf dem nächsten Reichstag verantworten, aber man ließ sie wegen der Notwehr frei ausgehen. Magister Konrad fiel im Sommer 1235 dem Mordanschlag zum Opfer. „Also ward nach Gottes Ratschluß Deutschland von diesem unerhörten und grausamen Richter befreit", heißt es in den Wormser Annalen, und selbst der Papst rief nach dem Empfang der Mordnachricht aus: „Toll sind diese Deutschen immer gewesen, aber diesmal haben sie auch tolle Richter gehabt."

Magister Konrad war ein gestrenger, allzu gestrenger Beichtvater. Er verlangte unbedingten Gehorsam von Elisabeth; wenn sie einmal selbständig etwas tat, was ihm nicht gefiel, drohte er ihr mit seiner sofortigen Amtsniederlegung. Sie mußte sich ihm unbedingt unterordnen, denn er verlangte einen blinden Gehorsam, was doch mehr als fragwürdig ist. Seit den Verirrungen des Dritten Reiches weiß man, wohin blinde Gefolgschaft führt. Der Mensch hat bei allem Gehorsam die Pflicht, zu prüfen, ob ein Befehl mit seinem Gewissen übereinstimme oder nicht. Elisabeths Beichtverhältnis zu Konrad von Marburg war das eines stillen Kampfes. Von einer verständnisvollen Zusammenarbeit zwischen den beiden konnte keine Rede sein.

Hinzu kam, daß Magister Konrad mit seiner rigorosen Askese absolut kein Verständnis für eine weibliche Seele aufbrachte. Er machte sich von ihr sein eigenes Bild und wollte sie nach diesem formen. Elisabeth hat sich Konrads geistlicher Führung unterworfen, wie sie es gelobt hatte, aber sie hat ihn doch gelegentlich mit heiliger List überspielt. Erfuhr aber Magister Konrad davon, dann war er beleidigt und ließ ihr ausrichten, „wegen dieses Ungehorsams werde er sich in Zukunft nicht mehr um ihre Leitung kümmern". Natürlich war dies eine leere Drohung, trotzdem fühlte sich Elisabeth im Gewissen belastet. Einmal wurde Elisabeth von Nonnen in deren Kloster eingeladen. Als Konrad dies erfuhr, ließ er sie sofort herausrufen, machte ihr Vorwürfe und drohte, sie habe sich wegen des Betretens der Klausur der Exkommunikation schuldig gemacht. Der Beichtvater wandte eine Gehorsamsfolter schrecklichster Art an und schreckte auch vor den ungeheuerlichsten Machenschaften nicht zurück. Nach einem angeblichen Ungehorsam befahl er Elisabeth, sich bis aufs Hemd auszuziehen, worauf er ihr eigenhändig heftige Rutenhiebe versetzte. Die Rute spielte in seiner Seelenleitung eine ähnliche Rolle wie früher der Rohrstock in den Händen eines unfähigen Lehrers. Wenn Elisabeth diese Rutenstreiche auf ihren Körper klatschen fühlte, erduldete sie dies im Gedanken an Christi Leiden mit fröhlichem Angesicht. Fühlte Magister Konrad dabei eine geheime Befriedigung seiner sadistischen Veranlagung? Er ist hierin viel zu weit gegangen; alle Entschuldigungsversuche, wonach dies mittelalterlicher Auffassung entsprochen hätte, sind fehl am Platze.

Natürlich kam Elisabeth wegen ihres Beichtvaters auch ins Gerede. Ritter Rudolf näherte sich einmal Elisabeth und sagte ihr: „Meine gnädige Frau, wollet mir gestatten, etwas mit euch zu reden?" Sie erlaubte es ihm, worauf er sprach: „Meine gnädige Frau wolle Sorge tragen und achthaben ihres guten Namens, denn um der vielen Gemeinschaft, so ihr mit Meister Konrad habet, macht sich das törichte Volk böse Gedanken und redet unziemlich von euch!" Da hob Elisabeth ihre Augen zum Himmel, faltete ihre Hände und sprach: „Gebenedeit sei mein Herr und Gott, der auch dieses mir noch auferlegt. Ich habe den Adel meines Geschlechtes verleugnet um seiner Liebe willen und mich zu einer Magd gemacht, ich habe Reichtum und Ehre der Welt verschmähet und mich arm gemacht, ich habe die Schönheit meiner Jugend vernichtet und mich ungestalt gemacht, aber ich dachte zu behalten die Zierde der fraulichen Ehre. Nun danke ich aber Gott, daß ich auch diese ihm darf opfern. Auf daß aber ihr, Herr Ritter, kein Arges von mir denkt, sehet her...", damit zog Elisabeth ihr Kleid von ihren Schultern und wies dem frommen, ehrbaren Herrn Rudolf die Schultern, die von Rutenschlägen und geronnenem Blut bedeckt waren,und sprach zu ihm: „Sehet, dies ist die Liebe, die Magister Konrad zu mir trägt, mich dadurch zu Gott zu ziehen..."

E. Busse-Wilson bemerkte in ihrer psychoanalytischen Darstellung: „Die Perversion dieser seelischen Situation ist schwer zu überbieten.“ Von der Demütigung, die die Landesfürstin bei ihrer Entkleidung empfand, wenn der Rasende auf die Wehrlose einschlug, wollen wir gar nicht reden. Zwar meldeten sich in Magister Konrad selbst Gewissensvorwürfe, schrieb er doch dem Papst über diese Züchtigungen: „Gott sei es geklagt, daß ich dies tat.“ Offenbar hatte er ein Gefühl dafür, daß er etwas getan hatte, was er nicht hätte tun dürfen. Sein angestauter Fanatismus hatte ihn jeglicher Überlegung beraubt. Dies alles gehört zur dunklen Seite seiner Persönlichkeit. Es geht nicht an, die fatalen Handlungen Konrads von Marburg zu verharmlosen, indem man glaubt, daß in seiner Beziehung zu Elisabeth „die kühle Vernunft gegen den Überstrom des Herzens gestritten habe“. Vielmehr besteht Reinhold Schneiders Feststellung zu Recht: „Da er den Dämon in sich trug, ohne seiner innezusein, dämonisierte er seine Umwelt ... Was Konrad angeht, so ist doch wohl kein Zweifel, daß er ein innerlich mißgeformter Mensch gewesen ist.“ Der ihm gewogene Hofkaplan Berthold warf die Frage auf: „Wer kann nun wissen, gemäß dem Spruch des Salomon, ob er der Liebe oder des Hasses Gottes würdig sei?“ Auf alle Fälle hätte man Elisabeth einen feinfühligeren Beichtvater gewünscht, einen, wie Franz von Sales einer war.

Dem überstrengen Beichtvater Konrad von Marburg fehlte jede psychologische Fähigkeit zur Leitung einer Seele. Trotzdem war nicht alles unrichtig, was er getan hat. So hat er Elisabeth auf ein überaus bedeutsames Vorkommnis aufmerksam gemacht, das sie wahrscheinlich ohne ihn kaum wahrgenommen hätte.

In der feudalistischen Zeit preßten die herrschenden Kreise die ärmeren Klassen rücksichtslos aus und machten sich dabei nicht einmal Gedanken darüber. Auch das thüringische Land wurde schamlos ausgebeutet. Die fortwährenden festlichen Orgien des Landgrafen Hermann kosteten viel Geld, und wie sollten sie bezahlt werden, wenn nicht durch Steuerabgaben, zu denen man die Bauern verpflichtete? Nun war Elisabeth durch Konrads Führung darauf aufmerksam gemacht worden, daß der Hof zum großen Teil aus erpreßtem Gut lebe. Ihr Gewissen erwachte, und sie erhob dagegen Einspruch. Nach der „Aussage der Dienerinnen“ wollte Elisabeth „aus Raub und Plünderung der Armen, wie sie an Fürstenhöfen vorzukommen pflegen, ihren Unterhalt nicht bestreiten und wählte lieber die Verbannung und den Erwerb ihres Lebensunterhaltes durch ihrer Hände Arbeit“. Fortan erkundigte sie sich am Tisch nach der Herkunft der aufgetragenen Speisen und wollte wissen, ob sie aus den rechtmäßigen Gütern des Landgrafen stammten oder ob sie erpreßt worden seien. Im ersten Fall sagte sie zu ihren treu ergebenen Mägden: „Heute werdet ihr nur essen können.“ Wenn sie auf dem Tisch nur den aus den Weingärten ihres Gatten stammenden Trank fand, sagte sie: „Heute werdet ihr nur trinken können.“ Erfuhr sie aber, daß beides erlaubt sei, klatschte sie in die Hände und rief fröhlich: „Wohl uns, heute können wir essen und trinken!“ Sagte man ihr aber, es seien unrechtmäßig erworbene Speisen auf dem Tisch, dann lehnte sie alle angebotene Nahrung ab und saß hungernd an der Tafel. Dieses Verhalten beobachtete sie genau und ließ sich nicht davon abbringen.

Elisabeths Benehmen am Tisch war eindeutig ein christlicher Protest, der anders ist als der oft billige weltliche Protest. Sie erhob nicht drohend die Faust und schrie keine Wut in die Welt hinaus. Der christliche Protest reicht in größere Tiefen, er ist mehr passiver Art und empfängt seine letzte Begründung von den paulinischen Worten: „Stellet euch dieser Welt nicht gleich" (Röm 12,2). Ohne große Worte zu machen, schlug Elisabeth leise, aber deutlich auf den Tisch. Unmöglich war es, den Schlag zu überhören. In ihrem christlichen Protest war eine Absage an das übliche Mitläufertum enthalten, das damals und heute in der Christenheit anzutreffen ist. Elisabeth leistete Widerstand gegen das Unrecht bis zum Äußersten. Haben wir in unserer Elisabeth-Verehrung da nicht absichtlich die Augen zugedrückt, weil sich ihr Verhalten in diesem Punkt von unserer allzu anpassungsfähigen Einstellung unterscheidet? Jedenfalls hat sie mit ihrer Anlage ihre fürstliche Umgebung gegen sich aufgebracht – nur Ludwig ließ sie ruhig gewähren. Dies war ein Protest, modern ausgedrückt, ein Sitzstreik, und seine Forderung lag in der Absicht, die Erpressung der Bauern zu beenden. Elisabeth bewies mit ihrem Verhalten eindeutig, daß das Evangelium nicht eine bloß innerliche Angelegenheit sei – dies ist es natürlich auch –, sondern daß es mit dem alltäglichen Leben in der Welt etwas zu tun habe. Man muß zwischen Innerem und Äußerem unterscheiden und darf die beiden Größen doch nicht völlig trennen. Elisabeths christlicher Protest war am Hof nicht zu übersehen. Jedenfalls stand er würdig an der Seite ihrer großzügigen Gabenverteilung und entsprach einer unumgänglichen Notwendigkeit. Die Christenheit kann und darf auf ihn nie verzichten. Er muß immer wieder aufs neue erhoben werden. Der Protest stützt sich auf die Bibel, in der dem Menschen befohlen wird: „Tue deinen Mund auf für die Stummen und für die Sache aller, die verlassen sind." Elisabeth hat dies getan, sie, als einzelner Mensch inmitten einer ganz anders eingestellten Umgebung. Sie kümmerte sich nicht darum, ob der Protest auch verstanden werde oder nicht. Sie erhob ihn einfach. Ein Leben in Gottes Gegenwart ist mit Ausbeutung unvereinbar, fand sie und brachte diesen Gedanken unmißverständlich zum Ausdruck. Wir wünschten, ihr Gewissensprotest wäre nicht eine einzelne Tat geblieben, sondern hätte Nachahmung gefunden, die Geschichte der Christenheit hätte dadurch einen ganz anderen Weg genommen. Der blutige Bauernaufstand zwei Jahrhunderte später und die racheschnaubende Unterdrückung wären unterblieben. Nie wäre es zu jener unheilvollen seelischen Entfremdung zwischen Bauern und Kirchen gekommen. Der Christ darf das Unrecht nicht stillschweigend hinnehmen, wenn er sich nicht des Vorwurfes Jesajas aussetzen will: „Meines Volkes Wächter sind alle blind, sie merken nichts, sind allesamt stumme Hunde, können nicht bellen." Elisabeths Protest bezeugt, daß sie weder ein stummer Hund noch eine bloß „liebliche Heilige" war. Sie besaß ein Gewissen, das wach war, das sprach und protestierte, ein Gewissen, dem sie folgte. Die

Heilige ist damit den Christen um Jahrhunderte vorangeeilt. Doch hätte ihr Protest aufgenommen werden und zu einem orkanartigen Sturmgebraus sich ausweiten müssen. Erst dann hätte er seine erforderliche Wirkung getan. Gerade in der gegenwärtigen Weltstunde kommt dem christlichen Protest erneut eine große Bedeutung zu. Wir überwinden den gottlosen Atheismus nur, wenn wir das christliche Gewissen wieder zu Wort kommen lassen, wenn wir das in unserer Mitte vorhandene Unrecht radikal abstellen und den Menschen die soziale Gerechtigkeit widerfahren lassen. Es ist keine erbauliche Sache, sich mit der wirklichen Elisabeth näher zu beschäftigen; wer mit der christlichen Existenz Ernst macht, wird stets zu einer Haltung geführt, die die ganze Umgebung aufregt. Das war schon zur Zeit der Apostel so, das hat sich bei Elisabeth nicht geändert, und das wird auch in Zukunft so bleiben.

Die Anregung zu diesem kühnen, mutigen Protest erhielt Elisabeth von Magister Konrad. Warum gerade von diesem düsteren Mann? Wie soll man sich dieses merkwürdige Geschehen nur erklären? Es ist dies kaum zu ergründen und zeigt den Beichtvater von einer neuen Seite. Das portugiesische Sprichwort, nach dem Gott auch auf krummen Linien gerade schreiben kann, trifft auch hier wieder zu.

Der Gruß aus Assisi

Der stumme Protest war eine großartige Leistung Elisabeths und leuchtete als solche gleich einem Fanal am nächtlichen Himmel. Doch genügte Elisabeth der Protest allein nicht; es drängte sie zu Taten.

Am Fuße der Wartburg lag das Städtchen Eisenach. Es gab darin zahlreiche Arme und Kranke, die zu versorgen sie sich zur Pflicht machte. Täglich stieg sie zu Fuß hinunter zu den armen Leuten, um ihnen eine Wohltat zu erweisen. Sie errichtete zunächst am Fuße der Wartburg ein Hospital, in dem jeden Tag neunhundert Arme aus den Erträgnissen der eigenen Güter gespeist wurden, nicht wahllos, sondern der Ordnung nach. Besonders im Hungerjahr 1225, bedingt durch schlechte Ernten und Seuchen, öffnete sie alle Vorratskammern der Burg und verteilte das Getreide mit vollen Händen. Die ängstlichen Verwalter erschraken über ihre Gebefreudigkeit und fürchteten, bald selbst nichts mehr zu essen zu haben. Elisabeth aber ließ sich nicht irremachen und nahm die volle Verantwortung auf sich.

Dieses Tun brachte es mit sich, daß Elisabeth in den Ruf einer großen Wohltäterin kam. Sie hat tatsächlich trotz ihrer fürstlichen Herkunft den Mitmenschen, den armen, kranken und zerschlagenen Menschen entdeckt. Das Du hatte sich ihr in den Lebensweg gestellt. Sie brachte es nicht über sich, an dem Mitmenschen stillschweigend vorüberzugehen, sondern nahm sich seiner Not tatkräftig an. Elisabeth fühlte sich geradezu auf ihn hingestoßen, um ihm zu helfen.

Das Gewissen, das sie schon zum stummen Protest geführt hatte, befahl ihr nun, sich auch der Schwachen anzunehmen, nicht um ihnen Almosen geben zu lassen, sondern sie selbst wollte mit ihnen sein. Mochte der Weg noch so steinig oder weit sein, sie ging ihn und nahm am Schicksal ihrer Mitmenschen teil. Sie wanderte hinab von der Burg, die damals nicht so ausgesehen hat wie heute nach der Rekonstruktion im neunzehnten Jahrhundert. „Abstieg, nicht nur ‚besuchsweise‘, um dann wieder zur sicheren Höhe, zum ‚eigenen Niveau‘ zurückzukehren, wie es alle Wohltätigkeit und alle Sozialarbeit pflegt; sondern um dort zu bleiben“, notierte Ida Friederike Görres in ihr Tagebuch und hob damit das Wesentliche von Elisabeth von Thüringen hervor. Der Abstieg war die große, nicht zu übersehende Gebärde ihres Lebens.

Die Tat kann nur aus ihrer Demut erklärt werden. Demut war für Elisabeth kein bloßes Wort, sondern eine fühlbare Kraft. Sie zeigte sich bei der thüringischen Landesfürstin darin, daß sie sich von früh an auf die Seite des Volkes stellte. Zwar gehörte sie ihrer Herkunft und ihrer Stellung nach dem Adel an; im allgemeinen befolgte sie auch die Vorschriften des Hofes. Bei festlichen Anlässen trug sie purpurrote Kleider, wie es die Sitte am Hof verlangte, darunter aber verbarg sie ein härenes Hemd. Es lag ihr nichts daran, als Landesfürstin hoheitsvoll aufzutreten, im Gegenteil, der Abstieg war ihr wichtig. Sie wollte vom fürstlichen Thron herab in die Tiefe steigen und wollte sich selbst erniedrigen, wie es im Philipperbrief heißt: „Er erniedrigte sich selbst und ward gehorsam bis zum Tode, ja bis zum Tode am Kreuz.“

Elisabeth fühlte sich zu den einfachen Leuten hingezogen. Dies zeigte sich schon im Verhältnis zu ihren Mägden, die sie wie ihresgleichen behandelte. Sie wünschte von ihnen mit dem Vornamen und dem vertrauten Du angesprochen zu werden. Aus lauter Liebe zu ihren Dienstmädchen nahm sie einmal eine Magd auf ihren Schoß – ein einprägsames Bild –, trotzdem überschritten sie nie die gebotene Grenze. Die Mägde waren Elisabeth überaus zugetan, spürten ihren Wunsch nach Gleichbehandlung, erkannten aber auch ihre Überlegenheit. Die tieferen Gedanken dieses ungewöhnlichen Tuns fanden bis dahin kaum Beachtung. Die christliche Gleichheit hat viel tiefere Wurzeln als die bloß postulierte Gleichheit der Französischen Revolution. Elisabeths Anliegen gründete sich auf Christi Wort: „Einer ist euer Meister, Christus, ihr aber seid alle Brüder.“ Erst die Verwirklichung dieser Worte bereitet allem Klassenkampf ein Ende.

Woher bezog Elisabeth solche Gedanken? Lagen sie in der Luft? Stiegen sie aus ihrem Innern auf, oder wurde sie von irgendwoher beeinflußt? Tatsächlich stand Elisabeth unter dem Eindruck der Franziskaner. Es gibt darüber eine feinsinnige Legende, die verdient, festgehalten zu werden. Danach hat Franziskus von Elisabeths Bemühung, den Armen und

Kranken zu helfen, vernommen und als Anerkennung ihr seinen Mantel gesandt, den die Fürstin fortan getragen habe. Die Geschichtlichkeit dieser Legende steht auf schwachen Füßen, kann doch nicht einmal mit Sicherheit ermittelt werden, ob Elisabeth wirklich die erste Terziarin in Deutschland war. Die Unterlagen für diese Feststellung fehlen, aber der Sinn der Mantellegende zeigt deutlich die innere Beziehung Elisabeths zu dem Mann aus Assisi. Der Gründer der Minderbrüder hat, sinnbildlich verstanden, seinen Mantel Elisabeth gesandt; sie hat ihn empfangen und als teures Zeichen Tag und Nacht getragen. Wer diese geistige Verbundenheit zwischen Elisabeth und Franziskus bezweifelt, hat von den beiden Menschen wenig begriffen.

Geschichtlich ereignete sich der Mantelgruß in dieser Art: Franz von Assisi sandte im Jahr zwölfhundertneunzehn die ersten Brüder nach Deutschland. Der erste Missionsversuch scheiterte an der Unkenntnis der deutschen Sprache. Zwei Jahre später kamen abermals Brüder nach Deutschland, dieses Mal unter der Führung Caesars von Speyer. Es gelang ihnen denn auch, Fuß zu fassen auf deutschem Boden, und seither haben sie dieses Land nicht mehr verlassen.

Einer der Brüder, namens Rodiger, kam auch mit Elisabeth auf der Wartburg zusammen. Zwar konnte er ihr damals weder eine Lebensbeschreibung des Franziskus aus der Feder Celanos noch die Drei-Gefährten-Legende, noch die Fioretti vorlegen. Zu jener Stunde waren sie alle noch nicht geschrieben, ein deutliches Zeichen, daß es nicht auf eine umfassende Gelehrsamkeit ankommt. Man kann viel Franziskus-Literatur gelesen haben, kann scharfsinnige Abhandlungen über den Unterschied zwischen der ersten und der zweiten Regel schreiben und trotzdem von Franziskus nicht ergriffen sein. Ein Franziskaner stand jedoch leibhaftig vor Elisabeth und erzählte voll Begeisterung vom Poverello. Was war denn so unwiderstehlich an Franziskus, daß er eine mildlächelnde Gestalt und eine Art mittelalterlicher Naturschwärmer war, wie er gelegentlich bezeichnet wird? Davon kann doch keine Rede sein. In Franziskus begann vielmehr jenes Feuer wieder aufzulodern, das Jesus auf Erden anzuzünden kam. Er verkörperte das ursprüngliche Evangelium auf eine überwältigende Weise, dessen wehrlose Geistesgewalt alle Einwände zum Verstummen bringt. Franziskus war es gelungen, bis zum Herrn selbst vorzudringen und die frohe Botschaft wieder glaubwürdig zu verkündigen. Von diesem neuen urchristlichen Vulkanausbruch erzählte Bruder Rodiger mit enthusiastischen Worten. Elisabeth hörte ihm mit brennendem Herzen zu, stellte viele Fragen, die Rodiger zu beantworten wußte. Die Landesfürstin begriff alles im Nu und verstand es nicht nur intellektuell. Sie erfaßte es mit ihrem Herzen, ja, sie wußte es schon vorher dank ihrem einfühlsamen Gemüt. Allein schon ihrem Wesen nach war sie für die Botschaft des Franziskus disponiert. Im fernen Italien hatte Gestalt angenommen, was ihre Seele in dunkler Sehnsucht stets tastend gesucht hatte. Franziskus hatte vor dem bischöflichen Gericht auf allen Besitz verzichtet und war in die radikale Armut hineingeschritten. Er hatte den kosmischen Sonnengesang gedichtet, und seither kann man vom seraphischen Heiligen eigentlich nur singen; jedenfalls ist es uns verwehrt, von ihm mit gelehrter Akribie ein wissenschaftliches Bild zu zeichnen. Franziskus reißt den Menschen in einen göttlichen Strom hinein, der ihn weiter und weiter trägt. Überwältigt von der sprühenden franziskanischen Christlichkeit antwortete Elisabeth am Ende der Unterredung: „Dies ist es, was ich immer schon gemeint habe!" Elisabeth kopierte Franziskus nicht – dies ist uns verboten –, aber sie vollzog auf weiblicher Ebene eine ähnliche Verwirklichung des christlichen Radikalismus und trat damit ebenbürtig an die Seite der heiligen Klara von Assisi, von der sie nie ein Wort gehört hat. Die beiden Frauen stehen Seite an Seite nebeneinander; wir blicken zu ihnen empor und können es kaum begreifen, daß es einst solche unbeirrbaren Gestalten gegeben hat, die es mit aller Entschiedenheit ablehnten, sich nur im geringsten von der Realisierung des Evangeliums dispensieren zu lassen.

Nach diesem von Franziskus verkörperten Armutsideal hatte Elisabeth stets gesucht, und nun stand es in greifbarer Gestalt vor ihren Augen. Nun war ihr die erkämpfte christliche Existenz ganz klar geworden. Arm zu sein bedeutete ihr kein bedauernswertes Schicksal, sondern entscheidende Nachfolge des armen Lebens Jesu Christi, denn in der Armut kam das verhüllte Antlitz des Herrn zum Vorschein. Besitz zu haben empfand sie nicht als ein erstrebenswertes Ziel, sondern eher als eine seelische Belastung. Als Gattin Ludwigs vermochte sie ihre Pläne nur sehr begrenzt auszuführen. Das Armutsideal hatte damals noch sehr unklare Umrisse, wie dies aus dem nächtlichen Gespräch mit ihrem Gatten über den Acker und die zweihundert Schafe hervorgeht. Aber sie behielt den Gedanken der Armut in ihrem Herzen, denn er hatte sich zu tief in ihre Seele eingekerbt. Erst nach dem Tode ihres Gatten konnte sie mit seiner radikalen Verwirklichung beginnen. Jetzt war der Zeitpunkt gekommen, das Armutsideal franziskanisch zu realisieren und nicht nur gedanklich mit ihm zu spielen. Fortan vermied sie jeden Überfluß. Oft war sie nicht einmal mehr in der Lage, ihre Gäste standesgemäß zu empfangen. Das Armutsideal war die konsequente Folge ihres stummen Protestes, genauer gesagt, der Protest ging in die Tat über. Wie für den Poverello stand auch für sie die Armut in stärkster Verbindung mit dem Leben des Menschensohnes, der auch keinen Ort kannte, wo er sein Haupt hinlegen konnte.

Ich sagte den Wänden Lebewohl

Die Berichterstattung über Elisabeth fließt verhältnismäßig reichlich, wenn auch nicht immer genau. Man hat erzählt und auch geglaubt, Elisabeth sei nach dem Tode ihres Gatten aus der Wartburg vertrieben worden. Höchst dramatisch schilderte man, sie sei bei strömendem Regen in die dunkle Nacht hinausgeschritten. In Tat und Wahrheit verhielt es sich anders.

Nach Ludwigs Tod regierte sein Bruder, Graf Heinrich Raspe, als Landesfürst über Thüringen. Ohne ihn einen üblen Gesellen zu nennen, darf man wohl sagen, daß er nicht gerade eine lichtvolle Seele besaß. Von allen Söhnen glich er am meisten seinem Vater Hermann. Graf Raspe hatte gar keinen Zugang zum außergewöhnlichen Wesen Elisabeths, und ihre Lebensweise war ihm völlig unverständlich. Er ärgerte sich nicht wenig, wenn seine Schwägerin bei Tisch nach dem Ursprung der Speisen fragte und wissen wollte, ob sie rechtmäßig erworben oder von den Bauern erpreßt worden seien. Er fühlte sich dadurch herausgefordert und war nicht gewillt, diese Marotten länger zu dulden. Es kam zu einem harten Zusammenstoß zwischen ihnen. Elisabeth war alles andere als eine streitsüchtige oder rechthaberische Natur. Aber wenn die Nachfolge Christi auf dem Spiel stand, nahm sie weder zu diplomatischen Worten ihre Zuflucht, noch täuschte sie eine verschüchterte Frau vor. In einem solchen Moment ließ sie sich von keinem protzig auftretenden Mann imponieren und dachte auch nicht: Ach, ich bin nur eine schwache, verlassene Witwe, und komme gegen seinen Willen doch nicht auf. In der entscheidenden Auseinandersetzung stand Elisabeth unerschütterlich zu ihrer Auffassung, wich keinen Schritt zurück und zeigte keinerlei Kompromißbereitschaft. Wer war denn schon Raspe? Von außen gesehen ein bloßer Wichtigtuer, in seinem Innern ein elender Windbeutel, der sich schmählich bestechen ließ. Elisabeth hatte ihn längst durchschaut, und sie hielt ihm unerschrocken ihren geistigen Schild entgegen. Wenn es sein mußte, konnte Elisabeth stahlhart sein, und dies gehört auch zu dem Kapitel „Elisabeth ein wenig anders gesehen". Raspe verlangte von ihr, daß sie sich der allgemeinen Sitte füge, und er versuchte, sie durch den stärksten moralischen Druck zu bedrängen. Er behielt ihr Witwengut zurück und mußte deshalb in Bamberg, bei der Überführung der Gebeine seines Bruders, von Ritter Rudolf bittere Vorwürfe einstecken. Die Ritterschaft verlangte von ihm eine andere Einstellung zu seiner Schwägerin und ein besseres Verhalten zu ihr. Wohl gelobte er Besserung, gab ihr auch später das Witwengut heraus, verstand aber nie das geringste von Elisabeths Beweggründen.

Elisabeth war sich nach einer Unterredung mit Raspe ganz klar geworden, daß eine wirkliche Verständigung zwischen ihnen nie möglich sein werde. Zwei allzu verschiedene Welten prallten aufeinander. Sie spürte auch, daß man ihre christliche Lebensweise auf die Dauer nicht dulden würde. Aus diesem Grunde floh sie an einem Winterabend unbemerkt aus der

Wartburg. Es war durchaus eine Flucht und keine Vertreibung, über die Raspe nicht wenig erbost war, weil er nun in ein ungünstiges Licht geriet. Elisabeth entwich ins Unbekannte, floh zunächst nach Eisenach und ließ am anderen Tag ihre Kinder nachkommen. Sie war sich bei der etwas überstürzten Handlung nicht recht klar, wo sie sich hinwenden sollte. Die Leute von Eisenach verehrten einst die Wohltäterin der Wartburg, aber an der mittellosen Witwe hatten sie kein sonderliches Interesse. Sie empfingen sie alles andere als freundlich. Ein Wirt war nicht einmal bereit, sie in sein Haus aufzunehmen und bot ihr den ehemaligen Schweinestall als Schlafstätte an, der mit leeren Weinfässern gefüllt war. Elisabeth nahm diesen Zufluchtsort dankbar an. Die erste Nacht ihrer neuen christlichen Existenz verbrachte sie ohne jeden Beistand in diesem nassen und kalten Raum. Trotz der äußeren Trostlosigkeit war sie voll innerer Fröhlichkeit, war es doch die Geburtsnacht ihrer geistigen Selbständigkeit, weswegen ihr im Hinblick auf ihre Unabhängigkeit eine große Bedeutung zukommt. In den Augen der Welt war ihre feierliche Hochzeit mit Ludwig das große Fest, christlich gesehen aber war der Aufenthalt im kalten Faßlager der Auftakt zu ihrem neuen Leben.

Am Abend ging sie zu den franziskanischen Brüdern in Eisenach und bat sie, in ihrer Kirche ein Tedeum anzustimmen. Dieser Akt des Triumphes über alle Niedrigkeit bezeugt mehr als alles andere, wie es nach der Flucht aus der Wartburg in Elisabeths Seele aussah. Sie bemitleidete nicht sich selbst, noch beschuldigte sie sich, eine große Dummheit begangen zu haben. Im Gegenteil, sie dankte Gott für die Gnade, daß er die Kraft gegeben habe zum Bruch mit dem früheren Leben. Elisabeth hatte den großen Schritt in die Freiheit der Kinder Gottes getan. Noch heute hört man das Tedeum singen, lauscht man mit dem inneren Ohr auf ihre Lebensmelodie.

Die fürstliche Umgebung auf der Wartburg verstand sie nicht, hielt sie für verrückt, und Graf Raspe nannte sie brutal „aller Welt Törin". Von seinem Standpunkt aus gesehen, war der Vorwurf nicht völlig aus der Luft gegriffen. Elisabeth gehörte zu den „Narren um Christi willen", eine Einstellung, die die Welt nie begriff, während der Apostel Paulus die Worte geschrieben hat: „Was töricht vor der Welt ist, das hat Gott erwählet" (1 Kor 1,27). Auch das Volk in Eisenach starrte sie verständnislos an und glaubte, sie sei nicht mehr ganz richtig im Kopfe. Das Volk wandte sich von ihr ab und tat, als würde es die ehemalige Wohltäterin nicht kennen. Als sie einmal zur Kirche gehen wollte, mußte sie über einen schmalen Bretter-steg steigen. Dort begegnete ihr eine alte Frau, der sie einst viele Wohltaten erwiesen hatte. Jetzt aber war die alte Frau nicht einmal bereit, ihr nur ein wenig Platz einzuräumen, sondern als sie nebeneinander auf dem Steg standen, stieß sie in ihrer häßlichen Gesinnung Elisabeth absichtlich in eine Pfütze, worauf ihre Kleider naß wurden und voller Schmutz aus der stehenden Wasserlache. Sie erhob sich, kehrte lachend um und wusch ihre Kleider. Es war ein kleiner Zwischenfall, aber er vermittelte ihr einen ersten Vorgeschmack von den Schwierigkeiten, die eine christliche Existenz in Wirklichkeit mit sich bringt. Machen wir uns nicht eines ähnlichen Vergehens schuldig, indem wir nicht leiblich, aber geistig Elisabeth in einer Pfütze liegen lassen und kalt und unberührt an ihrer Botschaft vorbeigehen?

Bis jetzt war Elisabeths Leben, trotz des christlichen Protestes, noch im Bereich der Vorläufigkeit geblieben. Nun aber hatte sie den Schritt in die radikale Armut getan. Früher hatte sie sich einmal den Mägden in dürftigen Kleidern gezeigt und dazu bemerkt, so werde sie später umhergehen. Dies schien ihr damals ein spielerischer Gedanke gewesen zu sein, denn nun nahm er konkrete Gestalt an; sie machte Ernst mit der Verwirklichung der christlichen Existenz, die das Letzte vom Menschen verlangt. Elisabeth schritt der Heiligkeit entgegen.

Der frostige Schweinestall konnte nicht ihr Aufenthaltsort bleiben. Elisabeth sah ein, daß sie weitergehen mußte. „Und sie sagte den Wänden Lebewohl, weil sie sie vor Kälte und Regen bewahrt hatten und sprach zu ihnen: ‚Ich möchte lieber den Menschen Dank sagen, aber ich weiß nicht wofür.‘" Dann schritt sie entschlossen auf ihrem Armutsweg weiter, ließ sich durch nichts aufhalten und kannte kein Zurück. Der Weg ins Absolute ist ein Pfad, auf dem es keine Umkehr gibt, eine Überzeugung, die Elisabeth mit einer imponierenden Konsequenz den Menschen vor Augen geführt hat.

Die schwere Tragödie

Der Begriff der Tragödie ist aus dem menschlichen Leben nicht wegzudenken. Er gehört keineswegs nur dem griechischen Lebensgefühl an, das in der tragischen Dichtung erschütternden Ausdruck fand. Auch im christlichen Leben spielen sich immer wieder Tragödien ab, die den Menschen treffen und ihm die Kehle zuschnüren. Tragödie ist stets furchtbar und atemberaubend, oder sie ist nicht Tragödie. Sie verschlägt uns die Sprache, und darum kann man das Tragische nicht zum Lebensprinzip erheben. Aber es gibt auch eine Tragödie im Leben der Heiligen, sie ist im Dasein Elisabeths deutlich wahrzunehmen. Das haben wir übersehen, und diese Verkennung trug viel zur Verharmlosung der Heiligen bei.

Sie war eine Frau, die mit dem Herzen dachte und dabei den Verstand nicht außer Kraft setzte. Klug und über dem Durchschnitt begabt, erfaßte sie jeweils die Situation genau, überlegte, was die nächste Zukunft von ihr verlangte, und schritt dann entschlossen zur Tat.

Als sich Elisabeth in die radikale Armut begeben hatte, begriff sie sehr schnell, daß sich ihr eine große Schwierigkeit in den Weg stellte: ihre drei Kinder. Unmündige Kinder nehmen eine Mutter völlig in Beschlag. Auch heute läßt sich das Doppelverdienertum mit der Erziehung der eigenen Kinder nicht in Einklang bringen. Elisabeth fühlte, daß sie die Armut verwirklichen müsse, eine Berufung, der ihre drei kleinen Kinder hemmend im Wege standen.

Sie vermochte nicht die radikale Armut und die drei Kinder miteinander vereinen. Es türmte sich daher das große Entweder–Oder vor ihr auf.

In dieser Situation griff wiederum ihr Beichtvater Konrad von Marburg ein. Er forderte von ihr die Trennung von den Kindern. „Er befahl auch, daß Elisabeth ihr Kind, das eineinhalb Jahre alt war, völlig von sich täte, damit sie es nicht allzusehr liebe und damit sie durch es nicht am Dienst Gottes verhindert würde", heißt es in der alten Berichterstattung. Nach Magister Konrad gab es gar keine andere Lösung des schmerzlichen Problemes. Elisabeth sah dies mit ihrem Verstand ein; sie überstieg ihr eigenes Herz und willigte in die Trennung von den drei Kindern ein, obwohl der unendliche Schmerz und die ganze mütterliche Verzweiflung schwer auf ihr lastete. Die Weggabe der Kinder zählt zu den schwersten Opfern ihres Lebens, ein Verzicht, der beinahe in Parallele zur Prüfung Abrahams auf dem Berg Moria gestellt werden darf. Sie brachte die Kinder in Klöster und übergab sie ihnen zur Erziehung, damit sie selbst ungehindert und zielbewußt den neuen Weg gehen konnte.

Die meisten Frauen sagen über dieses scheinbar unmütterliche Tun Elisabeths empört und erschrocken: „Hier versagt unsere Gefolgschaft." Wie war es nur möglich, daß eine gefühlvolle Mutter eine derart harte Tat zu vollbringen vermochte? Die Trennung von den Kindern ist so widernatürlich, daß man besser nicht davon spricht und die unverständliche Handlung schnell mit Stillschweigen übergeht. Diese Einstellung wurde denn auch recht oft eingenommen. Jene aber, die auf die Heilige trotzdem keinen Schatten fallen lassen möchten, entschuldigen sie damit, daß sie selbst nie erlebt habe, was echte Mutterliebe sei, indem sie auch als vierjähriges Kind weggegeben worden sei.

Doch bezeugen die schroff ablehnenden Urteile wenig Verständnis. Elisabeth bedarf weder der Rüge noch der Entschuldigung. Eines ist so unangebracht wie das andere. Es gibt im Leben der Heiligen gar vielfache Taten, die das gewöhnliche Verständnis bei weitem übersteigen. Bruder Klaus' Trennung von der Familie ist nicht das einzige Beispiel. Wir denken von der Mutterschaft groß – trotz ihrer naturhaften Bedingtheit –, weil wir um die Hingabekraft selbstloser Mutterliebe Bescheid wissen. Wir sehnen uns geradezu nach echten Müttern. Aber trotz aller Anerkennung ist das Muttersein nicht der höchste Wert. Das Evangelium stellt den göttlichen Befehl über die natürlichen Blutsbande. Das vergessen wir allzuleicht.

Was Elisabeth anbelangt, so ist ihr ganz bestimmt diese Tat nicht leichtgefallen. Sie flehte zu Gott, er möge sie von „der unmäßigen Liebe zu ihren Kindern" befreien, eine Bitte, die deutlich zeigt, daß sie keine Rabenmutter war. Wie hätte sie dies bei ihrer starken Gefühlskraft auch sein können! Man kann sich dies ganz und gar nicht vorstellen. Nach Isentruds Zeugenbericht sagte Elisabeth zu ihren Dienerinnen: „Der Herr hat mein Gebet erhört, und seht, nun ist aller weltlicher Besitz, den ich einstmals geliebt habe, wie Staub und Schmutz. Ebenso, Gott ist mein Zeuge, liegen mir meine Kinder nur noch wie ein Nächster am Herzen.

Ich habe sie Gott übergeben, möge er mit ihnen nach seinem Wohlgefallen tun." Diese Worte lassen den Leser mitten ins Herz Elisabeths blicken. Sie liebte ihre Kinder, war ihnen leidenschaftlich zugetan und war erfüllt von einer doppelten Mütterlichkeit. Von Unmütterlichkeit ist bei ihr keine Spur zu entdecken, hat sie doch später fremden Kindern all das geschenkt, was sie den ihren nicht geben durfte. „Elisabeth hat wie keine andere Frau ihre leibliche Mutterschaft zur weltumspannenden geistigen Mutterschaft erweitert", schrieb Maria Maresch über dieses Tun Elisabeths. In der Tat überstieg Elisabeth mit der Losschälung von den Kindern das gewöhnliche Muttersein und wurde auf eine ganz neue Art die Mutter des ganzen deutschen Volkes.

Die Trennung von den Kindern stellte sie vor die gleiche Forderung, wie einst der Abschied von Ludwig. Als er in den Kreuzzug zog, mußte sie auf das Liebste verzichten. Es war unsagbar schwer, über den eigenen Schatten zu springen. Nur zu leicht bricht ein Mensch unter der Last einer solchen Tragödie zusammen. Gar zu oft spielten sich im Leben der Heiligen dramatische Begebenheiten ab, betrachtet man sie realistisch und nicht nur erbaulich. Auch die furchtbare Tragödie Elisabeths zwingt uns zum Stillestehen und verbietet uns jedes vorschnelle Urteil. Unwillkürlich denkt man an die Worte aus dem Evangelium: „Wer Vater oder Mutter mehr liebt denn mich, der ist mein nicht wert; und wer Sohn oder Tochter mehr liebet denn mich, der ist mein nicht wert". Ein erschreckendes Wort, das sonderbarerweise der Leser allzu elegant übergeht, weil er die Bibel viel zu wenig ernst nimmt. Die Forderung, alles zu verlassen und Jesus nachzufolgen, steht nun einmal schwarz auf weiß gedruckt im Evangelium. Die gewandte Bibelexegese bringt viele Kunststücke fertig, aber dieses Jesuswort kann sie unmöglich aus der Welt schaffen. Es steht wie ein erratischer Block inmitten unserer lieblichen Wiesenlandschaft. Die christliche Existenz verlangt das schwerste Opfer vom Menschen, ein mit dem Verstande nie zu begreifendes Opfer. Wie sonst könnte man denn von einer christlichen, tränenschweren Tragödie reden?

Nachdem sich Elisabeth von ihren Kindern getrennt hatte, wurde sie von ihrem Onkel nochmals nach Bamberg zitiert. Ihm war das außergewöhnliche Tun seiner Nichte zu Ohren gekommen. Als Mann von weltlicher Gesinnung fand er, man müßte Elisabeth wieder verheiraten, um sie von ihren abenteuerlichen Plänen abzubringen. Er hatte große Wunschträume für seine Nichte im Kopf, dachte an Kaiser Friedrich II., der eben Witwer geworden war und den Elisabeths Gatte sehr geschätzt hatte. Elisabeth als deutsche Kaiserin schien ihm ein großartiger Gedanke zu sein, aber es war ein richtiger Männerplan, ausgeheckt in einem ehrgeizigen Bischofsgehirn, das vom Wesen Elisabeths keine blasse Ahnung hatte.

Elisabeth, auf dem Weg zur Armut, wies denn auch den Plan mit aller Entschiedenheit zurück. Sie hatte schon früher gelobt, nach dem Tode Ludwigs keinem zweiten Manne mehr anzugehören, ein Versprechen, das ihr heilig war. Im übrigen war die überhebliche Herrschernatur Friedrichs II. in jeder Beziehung das genaue Gegenteil von der sich erniedrigenden Elisabeth. Sie hätte an der Seite dieses kalten Mannes nicht einmal atmen können. Sie antwortete mit einer Schärfe ohnegleichen: „Wenn mich mein Oheim gegen meinen Willen einem Manne übergibt, werde ich mich dagegen wehren, und wenn das nicht hilft, schneide ich mir die Nase ab, so daß niemand mich mehr begehrt." Die Absage war deutlich; Erzbischof Egbert mußte auf seinen ausgeheckten Plan verzichten und klein beigeben.

Elisabeth verließ Bamberg. Ihr Beichtvater Konrad von Marburg griff erneut in ihr Leben ein und verhandelte mit Heinrich Raspe über ihr Witwengut. Raspe war ein hinterhältiger Mensch, ließ er sich doch vom Papst für fünfundzwanzigtausend Silbermark bestechen und zum Gegenkönig wählen. Allein er starb, bevor er sein hohes Amt antreten konnte. Fernab von all diesen Machenschaften lebte Elisabeth ihre echt christliche Existenz. Sie hat freilich wegen ihres frühen Todes nicht mehr erfahren, daß alle drei Kinder zu rechtschaffenen, brauchbaren Menschen heranwuchsen und stets in großer Liebe und Ehrfurcht ihrer Mutter gedachten.

Den Heiland baden dürfen

Magister Konrad war ein herrischer Beichtvater, der keinen Widerspruch duldete. Elisabeth aber war auch kein leicht lenkbares Beichtkind, denn sie hatte von den Dingen ihre eigene Vorstellung und war bei aller Gehorsamsverpflichtung kaum davon abzubringen. Aus dieser Gegensätzlichkeit kam es zwischen Elisabeth und Magister Konrad mehrfach zu harten Zusammenstößen, so daß die Atmosphäre zwischen ihnen gespannt und das Klima eher frostig war.

Magister Konrad berichtet selbst: „Elisabeth forderte mit vielen Tränen von mir: daß ich ihr gestatten solle, an den Türen zu betteln. Als ich es ihr schroff abschlug, antwortete sie mir: ‚So werde ich tun, woran Ihr mich nicht hindern könnt.'" Ihm war es unmöglich, sich vorzustellen, daß die ehemalige Königstochter und Landesfürstin von Tür zu Tür ging, um ihren Lebensunterhalt zu erbetteln, wie dies die Franziskaner taten. Darum lehnte er schroff ab und erlaubte keine Diskussion darüber. Elisabeths kühner Wunsch, als Bettlerin durchs Leben zu gehen, blieb ihr versagt. Elisabeth aber gab sich damit noch nicht geschlagen, sondern deutete dem Beichtvater ein Tun an, woran er sie nicht hindern könne. Was sie im Sinne führte, sagte sie ihm nicht. Magister Konrad schrieb an den Papst: „Just am Karfreitag, als die Altäre entblößt waren, legte sie ihre Hände auf den Altar einer Kapelle ihrer Stadt, die sie den Minderbrüdern übergeben hatte, und verzichtete in Gegenwart einiger Brüder auf Eltern und Kinder und auf den eigenen Willen, auf allen Glanz der Welt und auf alles, was zu verlassen der Heiland im Evangelium rät. Als sie nun auch auf ihren Besitz verzichten

unerbittlich. Das will nicht ganz in unser Bild von ihr passen. Warum nicht? Weil wir uns eine zu weichliche Vorstellung von ihr gemacht haben. Elisabeth war nicht nur mildtätig; wir müssen dieses Bild revidieren. Heilige sind fast immer anders, als wir sie uns vorstellen, und gerade darum sind sie größer, als wir sie uns denken.

Magister Konrad verstand weder ihre Barmherzigkeit noch ihre Härte. Ihm kam es vielmehr darauf an, ihren unbeirrbaren Willen zu brechen. Aus diesem Grunde erteilte er immer wieder neue Befehle. Zunächst mußte sie sich von ihren treuen Mägden trennen, angeblich um die letzte Anhänglichkeit an die Welt abzulegen. Sie gehorchte auch diesem grausamen Zwang und entließ unter vielen Tränen ihre langjährigen Dienerinnen, mit denen sie sich immer freundschaftlich verbunden gefühlt hatte. Dann gab er ihr eine alte, zänkische Witwe als Hilfe, die es nur darauf abgesehen hatte, Elisabeth zu quälen. Es ist unmöglich, in diesen Anordnungen Konrads eine Seelenleitung für das Beichtkind zu sehen. Vielmehr waren diese Befehle reine Machtproben eines innerlich desorientierten Menschen, der es darauf abgesehen hatte, Elisabeth zu peinigen.

Begreiflicherweise liebte Elisabeth ihren Beichtvater nicht, eine Gewißheit, die aus einem Gespräch deutlich hervorgeht. Als Magister Konrad sich einmal nicht wohl fühlte, ließ er Elisabeth an sein Lager kommen und fragte sie in barschem Tone, wie sie ihr Leben zu gestalten gedenke, wenn er einmal nicht mehr da sei. Elisabeth ging auf die Frage nicht näher ein, weil nach ihrem Dafürhalten Magister Konrad gar nicht in Lebensgefahr schwebte. Sie zeigte keinerlei Mitleid mit seiner Situation und bemerkte in kühlem Ton, daß ihm keine Todesgefahr drohe, sondern daß sie selbst bald sterben werde, wodurch seine Frage überflüssig sei. Magister Konrad blieb mit verdutzter Miene auf seinem Lager liegen, und Elisabeth entfernte sich rasch.

Ich habe göttliche Geheimnisse gesehen

Betrachtet man Elisabeth nur von ihrer karitativen Tätigkeit, ergibt sich daraus eine einseitige Beurteilung. Diese zugreifende Frau schreckte vor keiner noch so unangenehmen Arbeit zurück und war trotzdem nicht nur eine Marta-Natur, die sich beim Herrn darüber beklagte, daß ihre Schwester Maria sie allein alles tun lasse. Elisabeth lebt denn auch als die große Wohltäterin im Gedächtnis ihres Volkes weiter. Selbstverständlich ist Gebefreudigkeit eine edle Eigenschaft. Eine wohltätige Frau steht höher als eine egozentrische Frau. Doch war Elisabeth nicht nur Wohltäterin, wie Franziskus, denn auch sie hatte ein beschauliches, präziser ausgedrückt, ein kontemplatives Element in sich. In ihr war auch eine Mystikerin verborgen, eine Haltung, die schon bei ihrer Leidensbereitschaft zum Vorschein gekommen war. Aus ihrer verdeckten Mystik allein läßt sich überhaupt ihr außerordentliches Tun erklären. Sie wußte um das Eine, was not tat, und war auf eine geheimnisvolle Weise mit der übernatürlichen Welt verbunden. Ohne die jenseitsbezogene Einstellung hätte sie niemals ihr Werk vollbringen können, da beide eng miteinander verbunden sind.

Elisabeth war eine große Beterin. Sie liebte das Beten schon als Kind, und während ihrer Ehe steigerte sich dieses Verlangen nach dem Gebet. Die Heilige von Marburg besaß eine ganz außerordentliche Gebetskraft. Auch darüber weiß die Überlieferung außergewöhnliche Dinge zu berichten, Geschehnisse, über die man in der Neuzeit allzuschnell hinweggeht. Eine Edelfrau besuchte einmal Elisabeth in Begleitung eines jungen, weltlich gekleideten Mannes, den Elisabeth herbeirief und dem sie sagte: „Du scheinst mir wenig klug zu sein! Warum dienst du deinem Schöpfer nicht?“ Der junge Mann antwortete: „O Herrin, ich flehe euch an, betet für mich, der Herr möge mir die Gnade geben, ihm zu dienen!“ Da fragte sie: „Möchtest du wirklich, daß ich für dich bete?“ Und er: „Jawohl!“ Und sie erwiderte: „Du mußt dich aber selbst für die Gnade Gottes bereitmachen und ebenfalls beten – dann will ich es gern auch für dich tun.“ Und sogleich warf sie sich an einem passenden Ort des Klosters Wehrda – dort hielt sie sich damals auf – nach ihrer Gewohnheit auf die Knie und fing an, Gott inständig für den jungen Mann anzuflehen. Auch dieser trennte sich von den andern und suchte im gleichen Kloster einen Platz zum Gebet auf. Als beide einige Zeit Gott angerufen hatten, begann der junge Mann laut zu rufen: „O meine Herrin, o Herrin, hört auf mit eurem Gebet!“ Aber sie fuhr nur noch inbrünstiger fort. Darauf rief der junge Mann noch lauter: „O Herrin, hört auf, mir schwinden die Kräfte!“ Dem jungen Mann brach vor Hitze der Schweiß aus, sein Körper dampfte, er zitterte am ganzen Leib und schlug mit den Armen wie von Sinnen um sich. Wiederholt rief er laut: „Ich bitte euch im Namen des Herrn, hört auf zu beten! Ich werde von Feuer verzehrt!“ Elisabeth hörte nun auf zu beten, worauf es ihm sofort besser ging. Bald nach ihrem Hinscheiden trat er bei den Minderbrüdern ein. Bei dieser Begebenheit sind Elisabeths beinahe magischen Kräfte greifbar zu spüren. Kräfte, die sich nicht mit ihrer „anmutigen Gestalt“ oder dem „liebenswürdigen Wesen“ erklären lassen. Der junge Mann geriet in das geistige Kraftfeld Elisabeths, empfand es als Feuer und hat mit dieser Bezeichnung kein falsches Urteil gefällt. Elisabeth sprach nicht bloße Worte, sondern von ihr ging auch eine seelische Kraft aus.

Elisabeth war auch eine Visionärin. Man hat zu wenig betont, daß sie auch Entrückungen erlebt und Blicke in die jenseitige Welt geworfen hat. Mehrere Visionen, während denen sie für die Umgebung abwesend war, sind ihr zuteil geworden. Sogar Konrad von Marburg gestand: „Ich bekenne es vor Gott, kaum je eine Frau von tieferer Andacht gesehen zu haben. So manche Ordensmänner und -frauen sahen oft, wenn sie vom einsamen Gebet kam, ihr Antlitz wunderbar leuchten und gleich wie Sonnenstrahlen aus ihren Augen hervorbrechen. Wenn sie aber, was häufig geschah, sich einige Stunden lang im Zustand der Verzückung befand, dann nahm sie nachher sehr lange keine oder ganz wenig Speise zu sich." Einmal trafen die Dienerinnen Elisabeth in einer Entrückung an, während der sie die Worte sprach: „Herr, so also willst du bei mir sein, und ich will bei dir sein, und niemals will ich von dir getrennt werden." Isentrud fragte sie, mit wem sie gesprochen habe. Elisabeth sträubte sich zunächst, gab aber schließlich doch ihrem Drängen nach und sagte: „Ich sah den Himmel offen und ihn, meinen lieben Herrn Jesus, wie er sich mir zuneigte und Trost spendete in den verschiedenen Ängsten und Betrübnissen, die mich bedrückten. Und solange ich ihn sah, war ich froh und lachte; wenn er aber sein Antlitz abwandte, als ob er weggehen wolle, weinte ich." Die Dienerin wollte noch mehr wissen, aber Elisabeth erwiderte: „Was ich gesehen habe, das mitzuteilen geht nicht an; aber wisse: Ich habe eine große Wonne erlebt und wunderbare göttliche Geheimnisse gesehen." Tatsächlich läßt sich über den Inhalt mystischer Erlebnisse nicht sprechen; würde man es trotzdem tun, käme es verkehrt heraus. Unsere Sprache ist ein viel zu dürftiges Instrument, um mystische Inhalte wiederzugeben. Elisabeth gab nur zu verstehen, sie habe wundersame Geheimnisse erfahren. Ähnlich hat sich Paulus ausgesprochen, als er in den dritten Himmel entrückt wurde und „unaussprechliche Worte hörte, die kein Mensch sagen kann". Mystik hat es mit dem Mysterium zu tun. Unstatthaft ist es, das Geheimnis analysieren zu wollen. Es entzieht sich aller Deutung. Aber es ist auch falsch, Elisabeths mystisches Leben als eine zeitbedingte Schranke zu bewerten. Das mystische Leben nimmt bei Elisabeth einen wesentlichen Platz ein. Es ist sogar die Quelle, von der ihre christliche Existenz genährt wurde.

Elisabeth besaß auch die Gabe der Tränen. Damit sind nicht die natürlichen Tränen gemeint, die sie beim Abschied ihres Gatten und bei der Trennung von ihren Kindern vergoß. Während sie betete, flossen ihr die Tränen unaufhörlich über die Wangen, und wenn sie arbeitete, tat sie alles mit heiterem, gleichmäßigem Antlitz, lesen wir, und ein anderes Mal heißt es: „Ihr Angesicht ward aber dennoch nie entstellt und befleckt, wie es sonst vom Weinen viel geschieht, sondern es leuchtete allezeit klar und lieblich, und sie war fröhlich in allen ihren Leiden und Widerwärtigkeiten, gleich als ob sie keine Beschwer davon hätte."

Mehrfach wird diese Heiterkeit bezeugt. Sie gehörte zu ihren anziehendsten Eigenschaften. Schon als Kind war sie fröhlich, und später liebte sie zu lachen und zu scherzen. Elisabeth war alles andere als eine griesgrämige Heilige. Zu ihren Dienerinnen sagte sie einmal: „Wer mich verleumdet, schmäht und verachtet, ergötzt mich." Ihr Wahlspruch war: „Ich habe es Euch immer gesagt, wir müssen die Menschen fröhlich machen." Dies hat sie auch getan. Hierin war sie ebenfalls Franziskus ähnlich, dessen Lebensgefühl war, stets fröhlich zu sein und sich immerdar im Herrn zu freuen. In dieser traurigen Welt ist die christliche Heiterkeit etwas Großes, etwas ganz Besonderes, und wo sie nicht mehr vorhanden ist, da ist etwas ganz Bedeutsames und Wichtiges in der christlichen Lebensweise verlorengegangen.

Bei Elisabeth war eine seltsame Verbindung von Tränen und Heiterkeit vorhanden; Traurigkeit und Fröhlichkeit waren gleichzeitige Empfindungen. Ihre Tränen waren voll Heiterkeit, und ihre Heiterkeit ging aus den Tränen hervor. Es gehört zum Geheimnis des menschlichen Lebens, daß es beides zugleich umschließt. Wie dies geschieht, entzieht sich wiederum aller Erklärung. Wollte man alles erklären, käme man auf einen Rationalismus hinaus, der fehlgreift. Das Leben ist ein Mysterium. Aus der tränenreichen Heiterkeit floß die Kraft Elisabeths für ihre Taten. Sie wurde von der übernatürlichen Welt geprägt. Cäsarius von Heisterbach nannte sie in seiner Lebensbeschreibung „einen Liebling Gottes" und fügte ergriffen hinzu: „Sie ist wahrhaftig wie eine Kerze, die auf einem heiligen Leuchter brennt."

Ein Vöglein hat mir zugesungen

Was Elisabeth anläßlich ihres Besuches bei ihrem kranken Beichtvater Konrad gesagt hatte, erfüllte sich wörtlich. Der Magister erholte sich bald von seinem Unwohlsein, hatte daraus nichts gelernt und wirtschaftete weiter wie zuvor.

Dagegen mußte Elisabeth sich bald hinlegen. Ihre Kräfte waren offenbar verbraucht. Wir sind über die Art ihrer Krankheit nicht orientiert, und es ist auch unmöglich, eine Diagnose zu stellen. Sie war weniger als vierzehn Tage krank. Kranke umstellten ihr Lager, und am Ende des Bettes saß der mit Krätze behaftete Knabe; dies alles ist ein Zeichen dafür, daß sie ihre Liebe diesen Armen hat zukommen lassen. Rasch ging es mit ihr zu Ende, und doch war sie bis zuletzt von ungewöhnlicher Heiterkeit erfüllt. Sie klagte nie über Schmerzen. Während der letzten Tage wollte sie keine Besucher mehr empfangen, da sie über die Strenge des Jüngsten Gerichtes und über den allmächtigen Richter nachzudenken wünschte. Trotzdem erschien noch der unvermeidliche Konrad an ihrem Krankenlager, um ihr die Beichte abzunehmen und die Kommunion zu spenden. Er fragte sie neugierig, ob sie ihr Testament gemacht habe, wohl in der Hoffnung, er könne hernach über das Hospital verfügen. Elisabeth aber gab ihm die ablehnende Antwort: „Ich wundere mich, daß Ihr danach fragt. Ich habe Eurem Befehle alles geopfert, mein Leben, meine Kinder, meinen freien Willen. Ich bin nur ein Stück von Euch, und wenn ich formal noch Besitz habe, so doch nur deswegen, weil Ihr nicht wolltet, daß ich mein Brot erbettelte. Und jetzt soll ich ein Testament machen?" Magister Konrad zog sich hierauf betreten zurück.

Auf dem Krankenlager hatte Elisabeth noch ihre letzte Vision. „Als meine Herrin auf ihrem Sterbebett lag, habe ich eine überaus liebliche Stimme vernommen, die wie aus ihrer Kehle kam. Sie lag zur Wand gekehrt; nach einer Stunde wandte sie sich nach mir um und fragte: ‚Wo bist du, Liebe?' Ich antwortete: ‚Hier bin ich' und fügte dann hinzu: ‚O meine Herrin, wie lieblich hast du gesungen.' Da fragte sie, ob ich es gehört hätte. Als ich das bejahte, fuhr sie fort: ‚Ich sage dir: zwischen mir und der Wand hat ein Vöglein mir überaus fröhlich zugesungen. Sein lieblicher Gesang zwang mich auch zu singen.' Das war einige Tage vor ihrem Tod." Dieser geheimnisvolle Bericht von ihrer Dienerin verdient alle Aufmerksamkeit. Die Vision vom singenden Vöglein ist der Schwanengesang Elisabeths – einen schöneren hätte sie nicht anstimmen können. Auch sie ist singend dem Tode entgegengeschritten. Das tiefere Elisabeth-Verständnis zeigt sich darin, ob wir wenigstens einen kleinen Ton von diesem singenden Vöglein vernommen haben. Es sang nicht nur einige Tage vor ihrem Tode, sondern, sinnbildlich verstanden, schon in ihrem früheren Leben, und es möchte auch in unserem Dasein weitersingen.

Dann fährt die Dienerin weiter: „Als wir um das Sterbelager der Elisabeth saßen, sagte sie zu uns: ‚Was würden wir tun, wenn der Teufel sich uns jetzt zeigte?' Etwas später rief sie laut, wie um den Teufel zu vertreiben: ‚Hinweg! Hinweg! Hinweg mit dir!' Und fortfahrend: ‚Nun wollen wir von Gott und dem Jesuskind sprechen, es geht ja auf Mitternacht, die Stunde, in der Jesus geboren wurde, in der Krippe lag und in seiner Allmacht den neuen Stern erschuf, den niemand vorher gesehen hat!'" Auch hierin gab Elisabeth mit ihrer letzten Äußerung die richtige Antwort. Nicht dem Teufel gebührt das letzte Wort, sondern von Gott und dem Jesuskind muß man an einem Sterbebett reden. Bis zuletzt war Elisabeth mit dem Leben Christi beschäftigt. Schlummernd lag sie da und verschied dann sanft.

Die Kunde von ihrem Tode verbreitete sich wie ein Lauffeuer. Hunderte von Menschen zogen an ihrer Bahre vorbei. Dann wurde sie in einem vorläufigen Grab beigesetzt. Wer will die Frage beantworten, ob Elisabeth noch weitere Stufen erklommen hätte, wenn ihr ein längeres Leben beschieden gewesen wäre? Gott sind keine Schranken gesetzt, aber dem Menschen ist seine Stunde bestimmt.

Als Elisabeth starb, war sie vierundzwanzig Jahre alt, genauso alt wie die kleine Thérèse von Lisieux. Die Heilige von Thüringen zählte somit zu den Frühvollendeten; ihr Leben glich einer hochaufflackernden Flamme, die schnell erlosch. Mit vierzehn Jahren war sie in die Ehe getreten, und als ihr Gatte starb, war sie neunzehn Jahre alt. Offenbar kommt es nicht auf die Zahl der Jahre an, um einen Auftrag zu erfüllen. Man kann achtzig Jahre alt werden, ohne etwas Rechtes geleistet zu haben, und man kann, wie Elisabeth, mit vierundzwanzig Jahren sterben und die christliche Aufgabe erfüllt haben.

Kaum hatte man sie bestattet, ereigneten sich Wunder an ihrem Grabe. Die Verehrung ging unmittelbar vom Volke aus und hat sich bis zum heutigen Tag erhalten. Konrad von Marburg begann ebenfalls ihre Heiligsprechung zu betreiben, hatte er Elisabeth doch schon zu ihren Lebzeiten mit seinen Maßnahmen zu einer Heiligen nach seiner Vorstellung formen wollen. Sein Brief nach Rom enthält in kurzen Zügen ihre erste Lebensbeschreibung. Man sammelte die Akten, kontrollierte sie und sandte sie ebenfalls nach Rom. So kam es, daß Papst Gregor IX. in Perugia Elisabeth unter dem Schall der Posaunen schon vier Jahre nach ihrem Tod in das Verzeichnis der Heiligen eintrug.

Die Heiligsprechung fiel zusammen mit der Überführung ihrer Gebeine in die neuerbaute Elisabethenkirche, die zu den schönsten frühgotischen Baudenkmälern Deutschlands zählt. An dem Maientag des Jahres 1236, da dies geschah, war viel Volk nach Marburg gekommen, man sprach von zwölftausend Personen. Das große Ereignis erhielt eine besondere Note durch die Anwesenheit Kaiser Friedrichs II., dieses rätselhaften Menschen, der barfuß und im grauen Zisterzienserhabit hinter dem Sarg einherschritt. Man mag sich fragen, was für Gedanken ihm bei diesem Anlaß durch den Kopf gegangen sind. War er wirklich ergriffen, oder handelte er berechnend, indem er als rechtgläubiger Kaiser zu erscheinen vorgab? Wer will es sagen? Er verwahrte sich gegen den Verdacht, seine Gegenwart gelte weit mehr der ehemaligen fürstlichen Frau denn der Heiligen, fügte jedoch hinzu, daß jene nicht von dieser zu unterscheiden sei. Er war wohl ihr Kaiser, aber Elisabeth war nicht seine Heilige. Dazu waren sie in allzu verschiedenen Lebensgebieten beheimatet. Zwar krönte Friedrich II. die tote Heilige im Sarg mit einer kostbaren Krone und sprach dabei die Worte: „Ich durfte sie auf Erden nicht zur Kaiserin krönen – so will ich sie jetzt ehren mit dieser Krone als eine ewige Königin in Gottes Reich." Die Wahrheit dieser Aussage läßt sich nicht mit Sicherheit feststellen, aber Reinhold Schneider meinte in einem Brief an Erich Przywara: „Hier wäre in der Tat die Lösung: die Gebeine der Ärmsten in der höchsten Krone; das sollte das Reich sein, das könnte und müßte es werden." Nach diesem Dichter ist Elisabeth nur innerhalb des Reiches zu verstehen. Uns scheint dies eine romantische Auffassung vom Reich zu sein, aber es geht aus ihr hervor, wie lange diese Szene die Gemüter beschäftigt hat. Friedrich II. liebte effektvolle Handlungen, was er aber dabei dachte, ist nicht zu erraten. Bedeutsam ist allein das innere Reich, das alle Jahrhunderte umspannt und dem Elisabeth angehört hat.

Die Elisabethenkirche wurde in den folgenden Jahren weiter ausgebaut und 1284 vollendet. In „Elisabeth hat die deutsche Gotik ihren schönsten Dom geschaffen." Nun legte man die Gebeine Elisabeths in den goldenen Schrein, worauf die Elisabethenkirche in Marburg für eine lange Zeit zu einem Wallfahrtsort geworden ist. Während der Reformation ließ Landgraf Philipp von Hessen, einer ihrer fragwürdigen Nachfahren, ihre Gebeine aus dem Schrein mit der Bemerkung entfernen: „Liebe Muhme, du hast nun genug geschlafen!" Der innerlich zerrissene Landgraf scheute nicht vor dieser Grabschändung zurück; er hat damit keinen einzigen Menschen dem reformatorischen Glauben auch nur einen Schritt nähergeführt. Niemand weiß, wohin er die Gebeine getan hat. Es gibt darüber verschiedene Versionen: nach der einen haben die ausführenden Knechte sie an einem unbekannten Ort innerhalb der Elisabethenkirche versteckt, nach der andern brachte man die Gebeine nach

Wien. Einen Beweis für die eine oder die andere Aussage gibt es nicht. Erhalten hat sich der mit Recht bewunderte Goldschrein, ein kostbares Meisterwerk, das leer in der Kirche steht. Die religiöse Atmosphäre ist dadurch zerstört, und unwillkürlich geht man mit einem Gefühl der Trauer und der Leere von dannen.

Der innere Schrein

Das Mittelalter hat eine Reihe von großen Frauen hervorgebracht: Hildegard von Bingen, die auf dem Rupertsberg wohnte, Gertrud die Große, die den „Gesandten der göttlichen Liebe" schrieb, Mechthild von Magdeburg, aus deren Feder „Das fließende Licht der Gottheit" stammt, Hedwig von Schlesien und noch viele, viele andere. Zu ihnen zählt auch Elisabeth von Thüringen, eine der innigsten Frauengestalten aller Zeiten.

Das deutsche und das ungarische Volk verehrt Elisabeth bis zum heutigen Tage. Sie hat selbst die Konfessionstrennung überdauert, indem sie auch von den evangelischen Christen, entsprechend der Confessio Augustana als „ein Exempel des Glaubens" verehrt wird. Viele Mädchen wurden auf ihren Namen getauft und viele Spitäler, Werke und Vereine nach ihrem Namen benannt. Ihr vorbildliches Leben war von einzigartiger Leuchtkraft, und es war ihr denn auch eine lange Nachwirkung beschieden. Jedenfalls hat sie klar hervorgehoben, daß eine karitative Arbeit stets notwendig ist, aber daß ihr nur dann ein christlicher Wert zukommt, wenn sie mit einem persönlichen Einsatz, und nicht in amtlicher Funktion im Dienste des Staates ausgeführt wird. Elisabeth lehrte ohne alle Worte die persönliche Hingabe an die Armen und Kranken, eine Haltung, die vom Christentum nicht ablösbar ist.

Zum Besten, was über Elisabeth geschrieben worden ist, gehört der Aufsatz von Ida Friederike Görres: „Bildnis der Gnade". Sie hat sich mit Elisabeth beschäftigt und stellte sich die Frage: „Vorbild – gewiß. Aber zur Nachahmung?" Ida Friederike Görres stockte und scheute sich nicht zu schreiben: „Was täten heutige Verbände christlicher Hilfstätigkeit, an der Zentrale wie in den Zweigvereinen, mit einer Mitarbeiterin, die sich buchstäblich nach diesem Vorbild richten würde? Es wäre nicht nur eine Verlegenheit, sondern ein Betriebsunfall... Das Vorbild der Heiligen ist gelegentlich eine recht verwirrende Sache. Wir müssen sie unter Umständen mit sehr gewundenen Erklärungen, ja Ausreden geradezu verteidigen und entschuldigen – vor unsern eigenen sittlichen und religiösen Maßstäben." Das ist eine ehrliche Sprache, die der Haltung der realistisch eingestellten Hagiographin entsprach. Elisabeth kann nicht so ohne weiteres als Ideal übernommen werden, denn dafür ist sie allzusehr eine Ausnahme, ein Sonderfall. Wer sich dieser Heiligen nähert, beschreitet ungewöhnliche Pfade und muß auf die mannigfachen Hinweise achten, die Elisabeth zu geben imstande ist.

Ida Friederike Görres blieb nicht bei diesem offen ausgesprochenen Vorbehalt stehen. Sie zeichnete später nochmals ein positives Porträt der Heiligen und meinte: „Elisabeth ist ihrer Zeit als ein Bild der Gnade erschienen." Gnade ist das Wort, das nur der religiöse Mensch aussprechen kann. Gnade ist heutzutage etwas Fremdes unter den Menschen. Gnade, länger bedacht, sagt mehr aus als das Wort „eine Heilige", denn eine Heilige wird nach einem langwierigen Prüfungsprozeß von Menschen erkoren, während eine Begnadete andeutet, daß sie allein von Gott erwählt worden ist zu dem, was sie ist. Nach Ida Friederike Görres hat Elisabeth „die andre Möglichkeit der Macht und Freiheit gelebt... Wie kommt Elisabeth dazu? Man kann es nicht erklären. Niemand weiß, was wirklich in ihr vorgegangen ist, jeder macht sich seinen Reim darauf. Das ist ja das Schöne an den alten Heiligen, diese tiefe, verschwiegene Keuschheit der Seele, die ihre letzten Geheimnisse hütet. Elisabeth verkörpert die Gnade nicht zuletzt deshalb, weil sie selbst Gnade erfahren hat in jener so sehr gnadenlosen Welt". Diesen Worten ist nichts mehr hinzuzufügen, deuten sie doch das tiefste Geheimnis Elisabeths an, sofern dies mit menschlichen Worten überhaupt zu umschreiben gelingt.

Von ihren Zeitgenossen hat sich Mechthild von Magdeburg über Elisabeth geäußert: „Daß St. Elisabeth so bald heilig wurde und nur so kurze Zeit unter der Erde lag, darüber belehrte mich unser Herr und sprach: ‚Es ist der Boten Recht, schnell zu sein. Elisabeth ist und war ein Bote, den ich gesandt habe zu den unseligen Frauen, die in den Burgen saßen und so sehr mit Unkeuschheit durchflossen waren und so gänzlich mit Hochmut überzogen und ständig mit Eitelkeit all so sehr umfangen, daß sie von Rechts wegen in den Abgrund hätten fahren müssen. Ihrem Vorbild ist manche Frau gefolgt, soweit sie es wollten und konnten.'" An diesen Worten ist bemerkenswert, daß Mechthild nach der Sendung Elisabeths fragte. Der Sendungsauftrag ist das Entscheidende bei einer Heiligen. Nach Mechthild war Elisabeth zu den „unseligen Frauen in den Burgen gesandt". Diese Deutung besteht sicher zu Recht, aber sie ist zu einschränkend. Wäre sie nur zu ihnen gesandt, dann wäre ihre Sendung abgelaufen.

Mechthilds Interpretation bedarf unbedingt der Erweiterung. Elisabeth war nicht nur zu den Burgfrauen gesandt, sondern zu den Frauen schlechthin. Sie ist die große Frauenheilige Deutschlands, ja Europas. Das haben die Frauen aller Zeiten auch instinktiv gespürt und sich deshalb so stark zu ihr hingezogen gefühlt; ob sie nun der katholischen oder der evangelischen Konfession angehören, ist von sekundärer Bedeutung. Elisabeth hat auch den heutigen Frauen ein Wort zu sagen, und wir versuchen es vorsichtig dahin zu formulieren: „Schwatzt doch nicht die törichten Schlagworte von der Emanzipation gedankenlos nach, bereitet dem modischen Mitläufertum ein radikales Ende, wollet es doch nicht in allen Dingen den Männern mit ihren oft konfusen, politischen Ideen gleichtun, gebt doch der inhaltslosen Schönheitspflege mit einer verächtlichen Gebärde den Abschied, werft die blöden Frauenzeitschriften in eine Ecke, die Euch doch nur an der Nase herumführen wollen, und wagt es endlich einmal Euch selbst zu sein! Ich weiß um die manchmal komplizierte Verfassung einer Frauenseele und um die negativen Möglichkeiten in ihr. Gleichwohl rufe ich Euch in aller Liebe zu: Eine wirkliche Frau zu sein ist etwas ganz Großes. Frauen sind die Erzieherinnen der jungen Generation, Frauen sind imstande, auf eine wortlose Weise ihre Männer zu lenken, Frauen können durch ihr Gebet die gegenwärtig vor dem Abgrund stehende Welt erretten. Aber sie müssen alles daransetzen, daß ihre eigene Seele nicht in der heutigen vertechnisierten Welt untergeht, und dafür sorgen, daß durch ihre frauliche Wärme unser vermechanisiertes Dasein nicht ganz erkaltet. Spielt allezeit das Herz gegen den Verstand aus, und vergesset keinen Augenblick, daß trotz allem gegenteiligen Schein immer das Weiche über das Harte siegt. Den Frauen ist eine große Verantwortung aufgetragen, man kann nicht hoch genug von ihrem Wesen denken, wie es bereits in den Sprüchen Salomo heißt: ‚Lieblich und schön sein ist nichts, aber eine gottesfürchtige Frau soll man loben' (31,30). Dieses Frauenlob nehmen wir bewußt auf und singen es in einer allzu stark vermännlichten Welt aus frischer Kehle und voller Brust." Ungefähr in der Weise würde Elisabeth zu den heutigen Frauen sprechen, und was würden sie darauf erwidern? Stimmen sie zu oder lehnen sie diese Worte als konservativ ab? Ob altmodisch oder neuzeitlich ist jedoch kein entscheidender Maßstab. Es können beide Einstellungen je nach den Umständen richtig oder falsch sein. Jedenfalls sind wir verpflichtet, über die Botschaft Elisabeths an unsere Zeit ernsthaft nachzudenken und auf die Stimme zu achten, welche „die ewige Frau" spricht, um ein Wort von Gertrud von le Fort zu gebrauchen.

Noch eine letzte Begebenheit bleibt erwähnenswert. Man machte Elisabeth einmal auf einige Heiligenbilder aufmerksam und anerbot ihr, sie anzuschauen. Sie lehnte jedoch ab: „Ich habe sie nicht nötig, ich trage sie ja im Herzen." Das ist keine Antwort im bilderablehnenden Sinne, vielmehr darf sie auch auf die vorliegende Schilderung angewendet werden. Es gibt viele eindrucksvolle Darstellungen über Elisabeth. So schön sie sind, bedeutsamer wäre doch, der Heiligen einen neuen Schrein zu bauen. Wo kann er anders errichtet werden als in der Tiefe unserer Herzen? Elisabeth im Herzen – das ist fortan der wahre Schrein der Heiligen, aus dem keine Macht der Welt sie entfernen kann. Wir sind für eine Innerlichkeit, die sich nach außen kundgibt. In der gegenwärtigen geistigen Trockenheitsperiode betonen wir jedoch die Konzentration auf den inneren Schrein, aus dem allein eine seelische Stärkung hervorgeht. Der innere Schrein ist das schönste Heiligenbild, gemalt auf den Goldgrund der Ewigkeit und doch ganz für die heutige Zeit bestimmt.

Elisabeth von Thüringen
und ihre Welt

Die Texte sind zusammengestellt aus dem „Büchlein über die Aussage der vier Dienerinnen“, Caesarius von Heisterbach, „Das Leben Elisabeths von Thüringen“, Dietrich von Apolda, „Das Leben der hl. Elisabeth von Thüringen“, Chronik des Kaplans Berthold und Jacobus de Voragine, „Legenda aurea“.

Ein Stern aus Ungarn

Als Meister Klingsor gen Eisenach (1207) kam und auch vor dem edlen Landgrafen Hermann erscheinen sollte, saß er eines Abends vor seiner Herberge und beobachtete fleißig die Gestirne des Himmels. Da fragten ihn die, die gegenwärtig waren, ob er etwas Seltsames und Sonderliches an den Gestirnen des Himmels bemerke. Er antwortete ihnen also:

„Ihr sollt wissen fürwahr, daß meinem Herrn, dem König von Ungarn, eine Tochter geboren wird in dieser Nacht, die wird Elisabeth genannt werden und wird eine Heilige werden. Sie wird dem jungen Fürsten, des Landgrafen Sohn, zum Weibe angetraut werden, und durch ihr lobesames, heiliges Leben soll die ganze Welt getröstet werden und besonders dieses Land.“

(Chronik des Kaplans Berthold)

1 *Meister Klingsor weissagt dem Landgrafen von Thüringen die Geburt der Elisabeth in Ungarn*

Zu derselben Zeit regierte in Ungarn ein reicher, mächtiger König, genannt Andreas. Der hatte eine Gemahlin, die edle Königin Frau Gertrude. Die gebar ihm eine Tochter, wie es vorher geweissagt worden war: die Tochter gereichte seinem Geschlecht zu Preis und Ehre. Sie ward getauft im Jahre tausendzweihundertundsieben. Elisabeth ward sie genannt. Nicht lange darnach fügte es Gott also, daß die auserwählte Elisabeth dem lobesamen jungen Fürsten Ludwig, Landgraf Hermanns erstgeborenem Sohn, anverlobt wurde. Dies geschah, dieweil das edle Mägdelein in der Wiege lag und von der mütterlichen Brust die Nahrung zu nehmen pflegte.

(Chronik des Kaplans Berthold)

2 *Burg Sárospatak in Ungarn, der Geburtsort Elisabeths*

3 *König Andreas II. von Ungarn besucht Königin Gertrud, die mit der kleinen Elisabeth im Wochenbett liegt*

Als man das Jahr 1211 nach Christus schrieb und das edle Mägdelein Elisabeth vier Jahre alt geworden war, sandte Landgraf Hermann edle und ehrbare Botschaft aus in das Land Ungarn, um des Königs Tochter Elisabeth nach Thüringen zu bringen. Von der Gesandtschaft seien besonders genannt Graf Meinhart von Molburg, der ehrbare Herr Walter von Vargila und Frau Bertha von Bendeleben. Die zogen dahin mit großer Pracht, mit viel Gefolge, wohl ausgerüstet, wie es so ehrbaren Boten und so wohlgeborenen Leuten wohl geziemt. Unterwegs, als sie durch die Lande zogen, ward ihnen viel Ehre und Höflichkeit erwiesen, sowohl auf der Hinfahrt wie auf der Heimfahrt. So kamen sie zu dem königlichen, festen Schloß Preßburg. Da wurden sie ehrlich und fröhlich empfangen.

(Chronik des Kaplans Berthold)

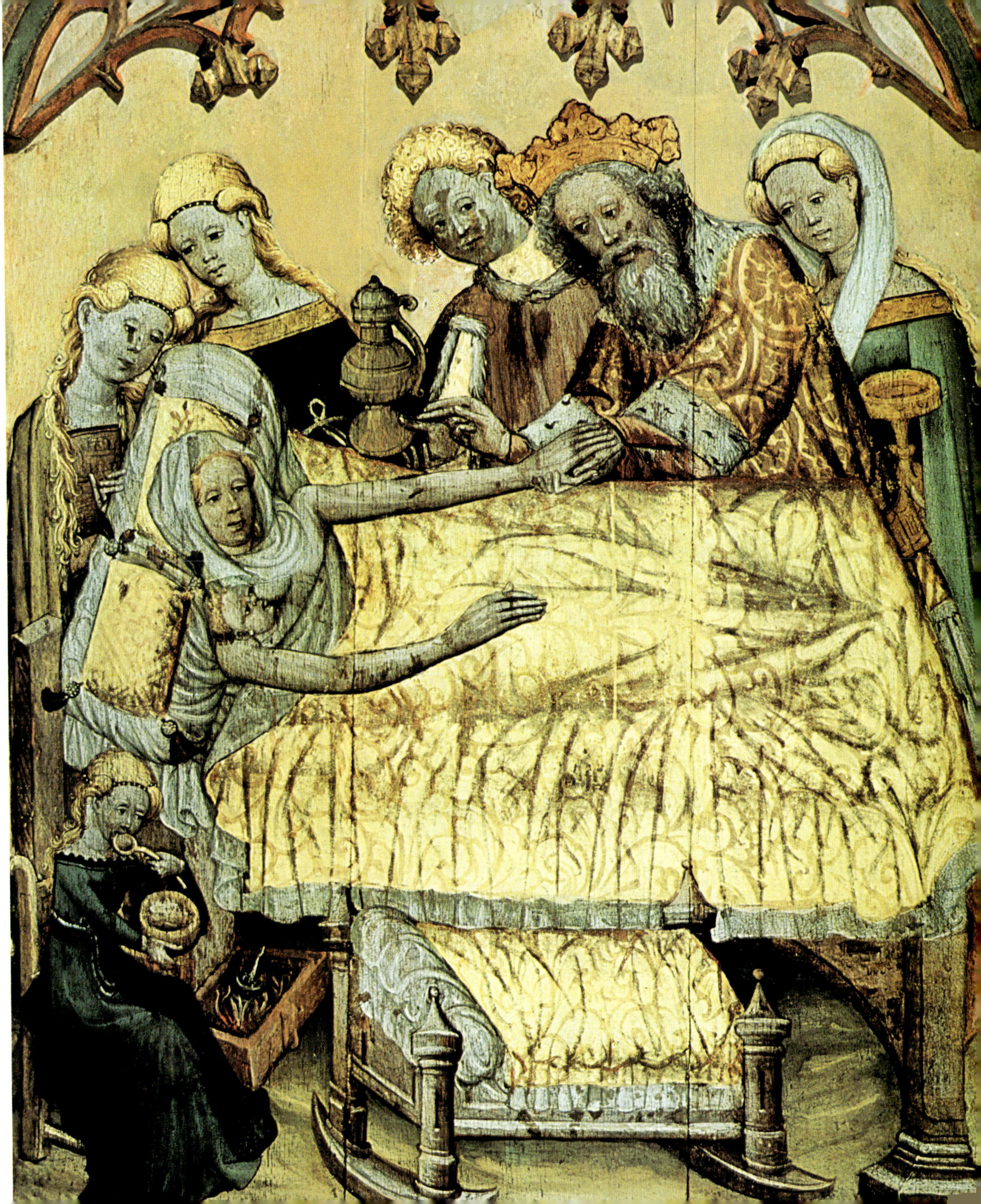

4 *Landgraf Hermann I. von Thüringen übergibt dem Ritter Walter von Vargila den Brief mit der Brautwerbung um Elisabeth von Ungarn*
5 *Walter von Vargila überbringt dem Landgrafen die Zusage des ungarischen Königs zum Verlöbnis Elisabeths mit dem Sohn des Landgrafen*

Darum sorgte sie, daß sie ihre Tochter reichlich und königlich außer Landes sandte. Als sie nun alle Dinge beschafft hatte zu der Fahrt und die ehrbaren Boten reichlich mit Silber und Gold und Kleinodien beschenkt hatte, legte sie ihre Tochter, die liebe Sankta Elisabeth, in eine silberne Wiege, die mit köstlichem, seidenem Tuch ausgeschlagen war.

Sie sandte mit dem Kind unzählige goldene und silberne Trinkgefäße, achtbare Haften, Kränze und Kronen: viel verzierte Fingerringe und Spangen mit edlen Steinen und schön getrieben; viel bunte Bänder und reiches Gewand aus Pelz, golddurchwirkte Tücher und Baldachine. Wer konnte wohl das kaiserliche Bettzeug von purpurner Seide bezahlen, das da gesendet wurde mit dem anderen teuren Hausrat, den niemand zählen konnte?

Außerdem tausend Mark in feinem Silber und weiteres mehr. Dazu einen Badekübel aus Silber, darin das Mägdelein baden sollte. Einen so reichen Schatz und Kleinodien, wie die Königin sandte mit ihrer Tochter, ward im Thüringerland nie wieder gesehen.

Sie rühmte sich mit großem Schalle, daß ihre Tochter dem edlen jungen Fürsten von Thüringen zum ehelichen Buhlen werden sollte. Sie sprach zu den werten Boten, die man gesandt hatte:

„Saget Eurem Herrn, daß er sich wohl gehabe und froh sei, und er solle dies Kind nicht verschmähen. Läßt Gott mich leben, so werd' ich es ihm reichlich und großzügig vergelten. Das verspreche ich fürwahr."

(Chronik des Kaplans Berthold)

6 *Elisabeth fährt mit ihren Gespielinnen nach Thüringen*
7 *Der Wagen mit dem kostbaren Brautgut der Prinzessin Elisabeth*

Die junge Fürstin

8 *Blick über die Berge des Thüringer Waldes auf die Wartburg*

Also zogen sie von dannen und kamen mit des Königs Tochter nach Thüringen. Sie wurden bewillkommnet und wohl empfangen. Da ward das Jungfräulein dem jungen Fürsten zu Geleit gegeben in kindlicher Weise in Vorbedeutung der zukünftigen Hochzeit, bis es Zeit dazu geworden sei. Sie wurde in ihrer Jugend mit großem Fleiß erzogen, wie es recht und billig war.

(Chronik des Kaplans Berthold)

9 Die jugendlichen Verlobten werden am Hof von Eisenach einander zugeführt

Als die gottgeweihte Jungfrau Guda etwa fünf Jahre alt war, wurde sie der seligen, damals vierjährigen Elisabeth zugesellt. Nach dem Lebenswandel der sel. Elisabeth befragt, sagte sie unter Eid aus, diese sel. Elisabeth, einst Landgräfin von Thüringen, Tochter des Königs von Ungarn, habe von Jugend auf frommen Eifer gezeigt und ihr Sinnen und Trachten in Spiel und Ernst auf Gott gerichtet. Als sie fünf Jahre alt war und noch keine Buchstaben kannte, warf sie sich oft vor dem Altar nieder und schlug den Psalter auf, als ob sie bete.

Beim Ringspiel und von jedem anderen Gewinn gab sie den zehnten Teil armen mitspielenden Mädchen. Sie machte diesen auch verschiedene andere kleine Geschenke und gab ihnen dafür einige Vaterunser und Ave Maria auf.

Sie versagte sich täglich etwas, um ihren Willen Gott zuliebe zu überwinden. Hatte sie beim Spiel beste Aussicht zu gewinnen, so sagte sie: „Jetzt, beim Gewinnen, möchte ich aus Liebe zu Gott aufhören." Und wenn beim Reigen mehrere Runden zu tanzen waren, machte sie nur eine mit und erklärte den Gespielinnen: „Eine Runde genügt mir für die Welt; die anderen will ich Gott zuliebe unterlassen." Sie tat auch vieles andere dergleichen.

(Büchlein über die Aussagen der vier Dienerinnen)

10 Die junge Elisabeth mit ihren Gefährtinnen beim Spiel, das sie verläßt, um in der Kirche zu beten
11 Blick auf den Palas der Wartburg

Dieser selbe freigebige Fürst hatte die ihm angelobte Jungfrau Sankta Elisabeth sonderlich lieb, und zwar durch heimliche, göttliche Anweisung, denn Gott der Herr hatte des Fürsten Herz der lieben, heimatlosen Königstochter zugeneigt, so daß er mit ihr alleine recht gütlich Zwiesprache zu halten pflegte, und er tröstete sie mit seinen süßen, guten Worten. Auch hatte er die Gewohnheit, wenn er fortgewesen war und wieder heimkam, so brachte er ihr ein kleines Andenken mit und nahm sie freundlich in seinen Arm.

(Chronik des Kaplans Berthold)

Als es danach dem Herrn gefiel, sein Auge auf die von den Gottlosen verachtete Elisabeth zu werfen und die Betrübte zu trösten, machte er die Ratschläge der Böswilligen zunichte, vereitelte die Überredungskünste der Mächtigen und bestärkte den genannten Fürsten in seinem Vorhaben. Dieser machte seine Absicht bekannt und verschloß so den Mund derer, die widersprachen und Böses redeten.

Im Jahre der Menschwerdung des Herrn 1221 vermählte sich also Ludwig, der weitgerühmte Landgraf von Thüringen, mit der reinen Jungfrau Elisabeth, der edlen und vortrefflichen Tochter des Königs von Ungarn. Durch Gottes Fügung verband sich ein treuer Gemahl mit einer treuen Gemahlin. Bei Tisch saß sie, entgegen der Gewohnheit anderer vornehmer Frauen, immer an der Seite ihres Gemahls und pflegte so auch hierbei die Gemeinschaft der Ehe, selbst wenn sie dadurch mancherlei Unannehmlichkeiten ertragen mußte.

(Dietrich von Apolda, „Das Leben der hl. Elisabeth von Thüringen")

12 Löwenkapitell vom Säulengang des Palas der Wartburg
13 Elisabeth sitzt neben ihrem Gemahl Ludwig an der festlichen Tafel

ELIZABET

S ELIZABET

14 Adlerkapitell im Landgrafensaal der Wartburg

Den Arbeitsunfähigen schenkte sie Kleider, die sie auf dem Markt hatte kaufen lassen. Das alles verteilte sie mit eigener Hand und frohem Herzen, und bei der Entlassung gab sie den Armen immer noch etwas hinzu. Wenn sie kein Geld hatte, schenkte sie armen Frauen seidene Kleider oder andere Kostbarkeiten, aber mit der Ermahnung: „Ihr sollt das nicht zu eurer Hoffart tragen, sondern für euren notwendigen Bedarf verkaufen und fleißig arbeiten!"

Einer von solchen armen Frauen gab sie Schuhe, ein Hemd und ein Oberkleid. Diese war so überglücklich, daß sie zu Boden stürzte, und man daher glaubte, sie werde vor Freude sterben. Laut rief sie, noch nie im Leben eine ähnliche Freude gehabt zu haben. Da fürchtete die sel. Elisabeth, sie könne vielleicht schuld an ihrem Tode werden, und bedauerte, ihr etwas gegeben zu haben.

Als sie noch in großem weltlichem Glanz lebte, strebte sie schon sehr nach der Armut und sprach mit ihren Dienerinnen häufig über diese Tugend. *(Büchlein über die Aussage der vier Dienerinnen)*

15 Elisabeth bekleidet Bedürftige

Obgleich Elisabeth in höchsten Ehren stand, liebte sie doch die Armut mit dem Ziel, es der Armut Christi gleichzutun. Und kein weltliches Wesen sollte an ihr gefunden werden. Wenn sie mit ihren Mägden allein war, so zog sie sich zuweilen arme Kleider an, wand sich ein schlechtes Tuch um ihr Haupt und sprach: „So werde ich aussehen, wenn ich den Stand der Armut erreicht habe." Elisabeth lebte selbst sehr mäßig, doch ihre Mildtätigkeit für die Armen war sehr groß. Sie ließ nicht zu, daß einer von Not betrübt war, und sie kam allen Armen mit so viel Gaben zu Hilfe, daß sie Mutter der Armen genannt wurde. Sie übte die sieben Werke der Barmherzigkeit. Sie kleidete die Nackten, sie gab den Armen Gewänder und gab Pilgern und Bettlern Herberge.
(Legenda aurea des Jacobus de Voragine)

16 Elisabeth gibt Armen und Pilgern Obdach

Die heilige und edle Elisabeth, ein Liebling Gottes, leuchtet wie der Morgenstern über den trüben Wolken dieser Welt dank dem Glanz ihrer Tugenden. Wie zahlreich ihre Verdienste auf Erden und wie groß ihr Lohn im Himmel ist, das verkündet der Ruhm ihrer Wundertaten. Von ihr gilt, was im Buche der Weisheit gesagt ist: (Eccl 26,16–17) „Wie die Sonne, die über den Bergen unseres Schöpfers aufgeht, so strahlt die Schönheit eines guten Weibes, ein Kleinod im Hause des Herrn. Sie ist wahrhaftig wie eine Kerze, die auf einem heiligen Leuchter brennt." *(Caesarius von Heisterbach, „Das Leben Elisabeths von Thüringen")*

17 Die Fürstin Elisabeth

Die Mutter der Armen

Zu Lebzeiten ihres Gemahls pflegte sie mit ihren Dienerinnen Wolle zu spinnen und sie für die Kleidung der Minderbrüder und der Armen weben zu lassen. Auch für Täuflinge nähte sie eigenhändig, sorgte für die Taufe und hob sie aus dem heiligen Brunnen, um Patin über sie zu werden und ihnen in dieser Eigenschaft um so freigebiger Wohltaten erweisen zu können.

Desgleichen nähte sie eigenhändig Totenhemden für die Bestattung von armen Verstorbenen; sie wusch und bekleidete sie selbst und nahm an ihrer Beerdigung teil. Einen großen, ganz weißen Schleier zerschnitt sie, damit er nur noch bei Begräbnissen (als Leichendecke) diene. Als sie einmal einen armen Kranken besuchte und ihn über einige Schulden klagen hörte, die er nicht bezahlen konnte, beglich sie diese für ihn. – Auch duldete sie nicht, daß die Leichen reicher Verstorbener in neue Leintücher oder neue Hemden gehüllt würden; sie sollten vielmehr in alten bestattet und die guten den Armen gegeben werden.

Oft besuchte und tröstete sie arme Frauen bei ihrer Niederkunft. Wenn Boten von solchen Wöchnerinnen und anderen Kranken mit einer Bitte zu ihr kamen, erkundigte sie sich nach deren Wohnung, um sich durch einen persönlichen Besuch bei ihnen zu Barmherzigkeit und Mitleid anzuspornen. Wie weit, wie schmutzig und beschwerlich die Wege dahin auch sein mochten, sie ging zu ihnen. Ohne Widerwillen vor Unsauberkeit betrat sie ihre ärmlichen Kämmerchen, brachte ihnen alles Notwendige, spendete Trost und erwarb sich den dreifachen Lohn für Arbeit, Mitleid und Freigebigkeit.

Mit ihren Dienerinnen versagte sie sich viel, um es den Armen spenden zu können.

(Büchlein über die Aussage der vier Dienerinnen)

18 Elisabeth geht mit ihren Dienerinnen mit Speisen zu den Armen

Einmal nahm Elisabeth einen Aussätzigen auf, pflegte und wusch ihn und legte ihn dann in das Ehebett, das sie mit dem Landgrafen teilte. Als dies dem Landgrafen gemeldet wurde, eilte er, um sich selbst von dieser Ungeheuerlichkeit zu überzeugen. Doch als der Landgraf die Decke des Bettes zurückschlug, erblickte er statt des erwarteten Aussätzigen den gekreuzigten Heiland. Mit Staunen betrachteten die Menschen des Hofgesindes dieses Wunder. Der Landgraf aber segnete seine Gemahlin, die in die Knie gesunken war, und hieß alles gut, was sie getan hatte.

(Dietrich von Apolda, „Das Leben der hl. Elisabeth von Thüringen“)

19 Landgraf Ludwig sieht den Gekreuzigten in seinem Ehebett

Mit apostolischer Vollmacht predigte er in ganz Deutschland, und unzählige Scharen aus Klerus und Volk folgten ihm. Alle hatten Scheu vor ihm wie vor einem heiligen und gerechten Mann, die einen aus Liebe, andere aus Furcht. Diesem brachte Landgraf Ludwig so große Ehre entgegen, daß er ihm die Besetzung aller Benefizien übertrug, über die er des Patronatsrecht hatte. Dazu paßte auch, daß seine Frau, die Landgräfin Elisabeth, diesem Mann Gehorsam und Enthaltsamkeit in die Hand gelobte, ohne jedoch dadurch Gesetz und Recht

S·FRANCISCVS
INSTITVTIO

S ELIZABET

der Ehe anzutasten. Das geschah in der Stadt Eisenach im Frauenkloster der hl. Katharina. Die heilige Frau hielt dieses Gehorsamsgelübde ganz gewissenhaft und demütig, wie sie es abgelegt hatte, Gott zu Ehren.

(Dietrich von Apolda, „Das Leben der hl. Elisabeth von Thüringen")

20 *Elisabeth gelobt im Beisein des Landgrafen ihrem Beichtvater Konrad von Marburg Gehorsam in allen geistlichen Dingen*

Am Fuße der hohen Burg, wo sie in jenen Tagen lebte, stand ein großes Gebäude, und dort brachte sie viele kranke Leute unter, die zu schwach waren, um bei der allgemeinen Almosenverteilung dabeisein zu können. Diese armen Menschen besuchte sie jeden Tag, obwohl es doch mühsam war, den Hügel zur Burg hinab- und hinaufzuklettern. Liebevoll sprach sie mit ihnen, ließ sich ihre Wünsche sagen und versuchte, sie zu erfüllen. Immer war sie voll Trost und übte große Geduld mit ihnen. Sie verkaufte sogar von ihren Juwelen, um ihnen helfen zu können. Obwohl sie sonst empfindlich war, ertrug sie den Gestank in den Krankensälen sogar im Sommer. Ihre Gefolgschaft war weniger duldsam und beklagte sich. Sie aber fuhr fort, die Gesichter der Kranken mit ihrem Kopfschleier abzuwischen, ihren Speichel zu trocknen, ihre Nasen zu putzen und die Geschwüre zu behandeln, so wie es der Apostel Paulus beschreibt: „Die Liebe ist langmütig, die Liebe ist freundlich; alles umhüllt sie milde, alles glaubt sie, alles hofft sie, sie duldet alles" (1 Kor 13,4,7). Wahrlich so zeigte sich Christus in ihr und wärmte sie.

(Caesarius von Heisterbach, „Das Leben Elisabeths von Thüringen")

21 *Kreuz an der Stelle des Hospitals, das Elisabeth am Fuß der Wartburg errichtet hatte*

Im Jahre 1227 kam endlich der allgemeine Kreuzzug zustande, an dem auch der römische Kaiser Friedrich teilnahm. Auf Geheiß des Papstes wurde nämlich der Kreuzzug zur Hilfe für das Heilige Land gepredigt. Daraufhin ließen sich Erzbischöfe, Bischöfe, Fürsten und andere Christgläubige das Kreuz reichen, um in heiligem Eifer gegen die Feinde Christi und glaubenstreu gegen die Heiden zu kämpfen. Auch der erlauchte Fürst von Thüringen, Landgraf Ludwig, ein Christ durch und durch, ließ sich im Namen Christi nach reiflicher Beratung mit dem ehrwürdigen Vater und Herrn Bischof Konrad von Hildesheim von diesem das Kreuz anheften.

(Dietrich von Apolda, „Das Leben der hl. Elisabeth von Thüringen")

22 *Landgraf Ludwig nimmt das Kreuz aus der Hand des Bischofs von Hildesheim*

Er wünschte aber, daß es verborgen bliebe. Darum heftete er das Kreuz nicht, wie es Sitte ist, an sein Gewand, damit seine Gemahlin, die ihn zärtlich liebte, es nicht erblicke und sich über seine bevorstehende Abwesenheit nicht ängstige. Als sie dann aber einmal in der Tasche etwas suchte, wie es öfters vorkam, fand sie es und wurde von schrecklicher Bestürzung wie zerschmettert. Der überaus gütige Fürst tröstete sie in ihrer Trauer mit frommen Hinweisen und lieben Worten.

(Dietrich von Apolda, „Das Leben der hl. Elisabeth von Thüringen")

23 *Elisabeth heftet ihrem Gemahl das Kreuz an*

Auch ein Hauptgut der Ehe fehlte ihr nicht: der Kindersegen, denn Gott stattete sie mit einer guten Gabe aus: er befruchtete ihren Schoß mit edelster Nachkommenschaft, so daß sie von der Schmach der Unfruchtbarkeit verschont blieb und den Trost von Kindern erlebte. Sie gebar nämlich einen Sohn namens Hermann, der seinem Vater als Landgraf von Thüringen nachfolgte, auch eine Tochter, die später der Herzog von Brabant zur Ehe nahm, und endlich eine zweite Tochter, die in dauernder Jungfräulichkeit im Kloster Altenburg Dienst tat und bis heute dort Oberin der Klosterfrauen ist.

(Dietrich von Apolda, „Das Leben der hl. Elisabeth von Thüringen")

24 Elisabeth im Wochenbett nach der Geburt ihres dritten Kindes

In Abwesenheit ihres Gemahls verbrachte sie manche Nacht mit Wachen, gebeugten Knien, Geißelungen und Gebeten. In dieser Zeit trug sie keine prächtigen Kleider, wechselte den Kopfschleier und ging gekleidet wie eine Witwe oder Nonne.

Auf ihrem Leib trug sie Wolle oder ein Bußhemd. Das tat sie auch, wenn sie in golddurchwirkten Gewändern oder in Purpur gekleidet war.

(Büchlein über die Aussage der vier Dienerinnen)

25 Landgräfin Sofie entdeckt, daß Elisabeth unter ihrem Mantel ein rauhes Ordensgewand trägt

Sie hatte von Jugend auf die Gewohnheit, öfters in der Messe, bei manchen Evangelien, ihre Ärmel zu öffnen, Halsbänder, Ringe und sonstigen Schmuck abzulegen. Das kunstvoll gewundene Kopftuch nahm sie vor dem Evangelium und vor dem Kanon ab und legte es mit demütig gesenktem Kopf nieder, besonders von der Wandlung bis zur Kommunion.

(Büchlein über die Aussage der vier Dienerinnen)

Während der allmächtige Gott seine durch hervorragende Tugenden ausgezeichnete Dienerin Elisabeth zu Höherem führen wollte, geschah es, daß sie an einem hohen Fest, mit sehr kostbaren Kleidern, mit Halsgeschmeide und vielen Edelsteinen geschmückt, mit einem goldenen Diadem gekrönt, mit ihrer Schwiegermutter und einem großen Gefolge von der Wartburg herabging und eine Kirche in der untenliegenden Stadt betrat. Sie erhob die Augen, die sie beim Eintritt in eine Kirche immer auf das Kreuz zu richten pflegte, und erblickte das Bild des Gekreuzigten, der entblößt, mit Dornen gekrönt und mit Nägeln an das Kreuz geheftet war. Da wurde sie von Reue ergriffen, ging in sich, begann nachzudenken und sprach bei sich also: Siehe, da hängt dein Gott nackt, und du, ein unnützer Mensch, gehst in kostbaren Kleidern einher. Sein Haupt wird von Dornen verwundet, und dein Haupt wird mit Gold geschmückt. So von innigem Mitleid ergriffen, fiel sie wie tot zu Boden. Durch diesen Anblick erschreckt, hoben die Umstehenden sie auf, trugen sie zur Erfrischung an die Tür der Kirche, legten sie dort nieder und besprengten ihr Gesicht mit Weihwasser, das dort zur Stelle war.

Durch diese Heimsuchung von Gott erleuchtet, nahm sie sich vor, von nun an jeden Schmuck zu meiden, den sie nicht aus irgendeinem Grund für notwendig halten müßte. Das befolgte sie auch später ihr ganzes Leben lang.

(Dietrich von Apolda, „Das Leben der hl. Elisabeth von Thüringen")

26 Elisabeth betet in der Kirche vor dem Kruzifix

Der Ruhm der heiligen Elisabeth war auch nach Rom gedrungen. Als nun eines Tages der heilige Franz von

Assisi bei seinem Beschützer und Förderer, dem Kardinal Ugolino, weilte, sagte derselbe zu dem frommen Bruder: „Lieber Bruder, ich möchte wohl, daß du dieser Tochter in den deutschen Landen, Elisabeth, die voll deines Geistes ist, eine Erbschaft hinterläßt, so daß ihr ein Anteil deines Geistes zuteil werden kann, wie es dem Schüler des Propheten Elias, Elisäus zuteil wurde, als er den Mantel des entrückten Propheten aufhob und bewahrte."

Darauf schickte der heilige Franz seiner Schwester in Christus seine Kutte mit einem Brief, in dem er die große Gnade Gottes pries, die ihnen beiden zuteil geworden war. Elisabeth empfand eine tiefe Freude, als sie dies Geschenk erhielt, und sie hielt es in großen Ehren, solange sie lebte. Wenn sie etwas Besonderes von ihrem Herrn Jesus Christus erbitten wollte, legte sie immer die Kutte des heiligen Franz an. Bevor sie starb, vermachte sie das Gewand einer ihrer Frauen, die ihrem Herzen sehr nahegestanden hatte. Später wurde die verehrungswürdige Kutte von den Deutschordensherren von Weißenfels sorgsam bewahrt, in der Diözese von Speyer.

(Bericht eines unbekannten Franziskaners)

27 Elisabeth
28 Franz von Assisi

Am Gründonnerstag vollzog sie immer feierlich die Fußwaschung an armen Leuten. Einmal rief sie dafür viele Aussätzige zusammen und wusch ihnen Füße und Hände; demütig zu ihren Füßen niederkniend, küßte sie ihnen die schlimmsten, mit Geschwüren bedeckten und widerlichsten Wunden.

(Büchlein über die Aussage der vier Dienerinnen)

29 Elisabeth wäscht einem Bettler die Füße

Zur Zeit der allgemeinen Hungersnot (1226) – ihr Gemahl war zum Hof nach Cremona abgereist – verteilte sie die ganze Jahresernte aus seinen Kornkammern als Almosen an die Armen, gab aber der großen Menge täglich nur soviel, wie zur Abwendung der Not erforderlich war. Und wie wenig sie auch gab, durch das Walten der göttlichen Vorsehung genügte es dem Empfänger für den jeweiligen Tag (vgl. Ex 16,18).

(Büchlein über die Aussage der vier Dienerinnen)

30 Elisabeth speist Hungrige
31 Elisabeth füttert einen Bettler

Dort legte sie das graue Ordensgewand an, ein einfaches und abgenutztes Kleid. Dort verschenkte sie fast zweitausend Mark, die sie als Wittum erhalten hatte, zu verschiedenen Zeiten an die zahllos versammelten Armen, einmal fünfhundert Mark an einem einzigen Tag. Was ihr etwa von ihren Schmuckstücken geblieben war, die sie bei der Übersiedlung aus dem Haus ihres Vaters, des Königs von Ungarn, mitgebracht hatte: sehr viele goldene und silberne Gefäße, kostbare golddurchwirkte Seidenstoffe, Schmuck von königlicher Pracht aus reichlichem Gold und herrlichsten Edelsteinen, das alles und was sie sonst hatte, verteilte sie unter die Notleidenden.

(Büchlein über die Aussage der vier Dienerinnen)

32 Elisabeth verteilt Geld an die Armen

Beglückt durch die Wonne einer keuschen Liebe und inniger Gemeinschaft, konnten sie weder lange noch weit voneinander getrennt sein. Die Herrin folgte daher häufig ihrem Gemahl auf rauhen Wegen, über weite Strecken und bei schlechtem Wetter, mehr geleitet von der Inbrunst reiner Liebe als von fleischlicher Lust. Denn die keusche Gegenwart ihres schamvollen Gemahls hinderte die sehr fromme Gemahlin weder am Beten und Wachen noch an anderen wohltätigen Werken. Der fromme Mann freute sich im Herrn über ihre heiligen Sitten und stand ihr aufmunternd und getreu zur Seite.

(Dietrich von Apolda, „Das Leben der hl. Elisabeth von Thüringen")

33 Creuzburg an der Werra

Die Welt ist mir gestorben

Da es nun nicht länger sein konnte und es Zeit und Recht war, daß sie voneinander scheiden mußten, zog der Fürst zuletzt einen Fingerring aus seiner Tasche, mit dem er seine vertrauten Briefe zu siegeln pflegte, und zeigte den Ring seiner betrübten Gemahlin und sprach aus der Güte seines Herzens also:
„Meine allerliebste Schwester, sieh diesen Fingerring, darin das Lamm Gottes geritzt ist, mit einer Fahne und Inschrift in einem edlen Saphir: das soll dir ein Wahrzeichen sein: durch den ich dir diesen Ring sende, dem sollst du voll und ganz glauben, was er dir meldet von meinen Wegen und meinem Leben und auch von meinem Tode."

(Chronik des Kaplans Berthold)

So kehrte dieser christliche Mann, um des Namens Christi willen in der Fremde und auf der Pilgerschaft mit dem Kreuze Christi bezeichnet, von der Wanderschaft des irdischen Lebens ins ewige Vaterland heim und entschlief im Herrn am 11. September.

Boten gingen nach Thüringen zurück, um die Trauerkunde vom vorzeitigen Tod des frommen und erlauchten Fürsten zu überbringen.

Diese ging dann mit einigen edlen und besonnenen Matronen zu ihrer Schwiegertochter auf die Wartburg und wurde von ihr ehrerbietig und freundlich willkommen geheißen. Als sie Platz genommen hatten, sagte die Schwiegermutter zur Schwiegertochter: „Sei starken Mutes, meine liebe Tochter, und beunruhige dich nicht über das, was deinem Mann, meinem Sohn, durch göttliche Fügung zugestoßen ist!" Die Schwiegertochter dachte bei diesen Worten an eine Gefangenschaft, aber in keiner Weise an den Tod ihres Gemahls und antwortete zuversichtlich: „Wenn mein Bruder (so pflegte sie ihn zu nennen) in Gefangenschaft geraten ist, wird er durch die Hilfe Gottes und unserer Freunde befreit werden können." Darauf sagte die Schwiegermutter: „Er ist gestorben." Da faltete sie die Hände über den Knien und sagte in überaus großer Trauer: „Gestorben? Dann ist mir die Welt gestorben und alles, was die Welt mir bieten kann." Sofort stand sie auf

ET FINIS QVI EST ET QVI ERAT ET QVI VENTURUS EST OMNIPOTENS

und eilte weinend in stürmischem Lauf durch den Saal. Außer sich, wie von Sinnen, wäre sie weiter gelaufen, wenn die Wand ihr nicht Halt geboten hätte. Die Anwesenden traten hinzu und zogen sie von der Wand weg, an der sie gelehnt stand. Aller Augen strömten über vor Tränen aus Trauer über den Tod eines so liebenswerten Mannes und aus Mitleid mit der so beklagenswerten Witwe.

(Dietrich von Apolda, „Das Leben der hl. Elisabeth von Thüringen")

34 Elisabeth empfängt den Ring des Landgrafen, der seinen Tod bezeugt

Als der erlauchte Thüringerfürst und Landgraf Ludwig in Apulien gestorben war, trugen edle und angesehene Männer, die mit ihm ausgezogen waren, Sorge um ihn: sie hüllten seinen Leib in feine und starke Linnen und bestatteten ihn mit allen Ehren. Nach dem Kreuzzug wurde der Leichnam ausgegraben und das Fleisch in siedendem Wasser von den Knochen gelöst. Danach erschienen die Gebeine weißer als Schnee. Sie wurden in einen ganz reinen Schrein gelegt, verschlossen, ehrfürchtig zugedeckt, auf ein Lasttier geladen und übertragen.

Als sie in die Nähe von Bamberg gekommen waren, kündigten sie die Ankunft der Gebeine dem Bischof von Bamberg an. Dieser ließ darauf die Tochter seiner königlichen Schwester, die Dienerin Gottes und Witwe des Verstorbenen, Elisabeth, rufen, sie solle den Gebeinen ihres früheren Gemahls entgegengehen und sie in Empfang nehmen. Der verständige Mann ordnete auch zu Ehren und Trost der Dienerin Gottes an, alle edlen und vornehmeren Leute sollten ihr bei der Begegnung mit dem Trauerzug zur Seite stehen und sie stärken, daß sie nicht zusammenbreche.

Als die Gebeine im Dom niedergestellt waren, wurde der Schrein dem Blick der ehrwürigen Witwe geöffnet und die Gebeine erhoben. Was die sel. Elisabeth dabei an Leid und Liebe in ihrer Seele empfunden hat, das kann allein der wissen, der die Herzen aller Menschenkinder kennt. Ich glaube: der Schmerz wurde neu aufgewühlt, ihr Innerstes zerrissen, sie zitterte am ganzen Leibe, als sie das schöne Gefüge der einst geliebten Gestalt nun in seine Teile aufgelöst und diese voneinander getrennt und einzeln daliegen sah. War sie auch von großer Trauer noch so überwältigt, so gewann sie im Gedenken an Gott doch ihre Fassung wieder...

Ludwig verstarb im Jahre des Herrn 1227 am 11. September in einer Stadt namens Otranto im Königreich Sizilien. Seine Gebeine wurden – wie gesagt – im folgenden Jahre überführt und im Benediktinerkloster Reinhardsbrunn beigesetzt. Dort ruhe er im Frieden Gottes! Amen.

(Dietrich von Apolda, „Das Leben der hl. Elisabeth von Thüringen")

35 Das Fürstenportal des Bamberger Doms
36 Der Georgenchor des Bamberger Doms, wo Elisabeth die Gebeine ihres Gemahls entgegennahm

Nach dem Tode ihres Gatten wurde sie von einigen ungebärdigen Vasallen aus ihrem Wittumssitz in der Burg vertrieben und verlor all ihr Hab und Gut, das sie mit in die Ehe gebracht hatte. Aber diese heilige Frau wurde selbst in dem Feuer der Bedrängnis und Verfolgung niemals ungehalten. So wie es der Psalmist beschreibt: „Prüfst du mein Herz, durchforschest du es nächtens, stellst du mich auf die Probe: du stößt auf nichts Arges, nie hat sich vergangen mein Mund beim Treiben der Menschen" (Ps. 17,3).

Hört nun, was der gesegneten Frau geschah: Sie stieg hinab zu der Stadt, die am Fuß der Burg lag, und trat in eine armselige Herberge, und der Wirt ließ sie für die Nacht in einem Schuppen nächtigen, wo irdene Hafen standen mit den Vorräten der Handelsleute, und auch die Schweine waren dort untergebracht. So verbrachte sie die Nacht in tiefernster Freude. Aber zur halben Nacht machte sie sich auf den Weg zu den Minoritenbrüdern, die es dort gab, und bat sie, ein Tedeum anzustimmen, denn sie war Gott aufrichtig dankbar für ihre Sorgen. Nun endlich war sie so arm wie ihr Herrgott.

(Caesarius von Heisterbach, „Das Leben Elisabeths von Thüringen")

37 Arkadengang in der Wartburg
38 Elisabeth verläßt mit ihren Kindern die Wartburg

Als man Guda fragte, woher sie alle diese Kenntnis habe und wie lange sie mit der seligen Elisabeth beisammen gewesen wäre, wiederholte sie, was sie schon beschworen hatte, daß sie immer mit Elisabeth zusammen gewesen wäre und ihr gedient habe, auch nach dem Tode des Landgrafen, ihres Gemahls.

Dann habe Elisabeth ihr Gelübde abgelegt und habe aus der Hand des Magisters Konrad von Marburg das graue Gewand, die Kutte der Terziarierinnen, empfangen.

(Caesarius von Heisterbach, „Das Leben Elisabeths von Thüringen")

Als die Tage des Herrenleidens vor Ostern begangen wurden, weilte die Jüngerin Christi in einer ihrer Städte, wo Minderbrüder in einem von ihr gegründeten Kloster wohnten. Am Karfreitag aber, da zur Gedächtnisfeier des für uns entblößt am enthüllten Kreuz hängenden Erlösers die Altäre ihres Schmuckes beraubt waren, legte sie in einer Kapelle vor Magister Konrad und einigen der erwähnten Minderbrüder ihre heiligen Hände auf den entblößten Altar und verzichtete als Nachahmerin Christi auf ihren eigenen Willen, ihre Eltern, Kinder und Verwandten und alle Herrlichkeit der Welt. Sie gab alles her und machte sich frei von allem, um ganz mittellos dem seiner Kleider Beraubten mit den Schritten der Armut und Liebe nachzufolgen.

(Dietrich von Apolda, „Das Leben der hl. Elisabeth von Thüringen")

39 Elisabeth entsagt feierlich aller weltlichen Würden
40 Elisabeth empfängt von Konrad von Marburg das Ordenskleid

Eines Tages begegnete Sankt Elisabeth einer alten Frau, die oft Almosen von ihr empfangen hatte. Elisabeth befand sich auf dem Weg zur Kirche und war gerade an eine enge Stelle auf dem Wege gekommen, wo man flache Feldsteine in den Schlamm der Straße gelegt hatte, um das Überqueren der Straße möglich zu machen. Gerade hier begegneten die beiden Frauen sich. Aber die alte Frau trat nicht beiseite, wie sie es wohl sonst getan hätte, als Elisabeth noch Almosen verteilte. Statt dessen stieß sie Elisabeth in den Schlamm, so daß sie hinfiel und alle ihre Kleider von dem Kot beschmutzt wurden. Elisabeth aber stand gelassen auf, ungeachtet der Leute, die lachend um sie herumstanden, und wusch ihr Gewand im öffentlichen Brunnen, heiter und unbefangen.

(Caesarius von Heisterbach, „Das Leben Elisabeths von Thüringen")

41 Die Bettlerin stößt Elisabeth in den Bach

Ich sah den Himmel offen

Eines Tages in der Fastenzeit lehnte sie sich kniend an eine Wand und hielt ihre Augen sehr lange auf den Altar gerichtet. Als sie endlich in ihre erbärmliche Behausung zurückgekehrt war und wegen sehr großer Schwäche nur wenig Speise zu sich genommen hatte, brach ihr der Schweiß aus. Sie wollte sich an eine Wand stützen, fiel aber der genannten Isentrud in den Schoß. Nachdem alle außer den besagten Dienerinnen hinausgeschickt waren, schlug sie die Augen auf, wandte den Blick auf die Fenster und begann mit ganz fröhlicher Miene holdselig zu lächeln. Nach einer guten Stunde schloß sie die Augen von neuem, vergoß zahllose Tränen und öffnete darauf die Augen nochmals, wie vorher überaus lieblich lächelnd. In diesem Zustand der Beschauung lag sie bis zur Komplet. Manchmal weinte sie kurz mit geschlossenen und lachte dann wieder mit offenen Augen, verharrte aber viel länger in ihrer Fröhlichkeit. Endlich, nach langem Schweigen rief sie aus: „Herr, so also willst du bei mir sein, und ich will bei dir sein, und niemals will ich von dir getrennt werden." Die genannte edle Frau Isentrud, ihr näher stehend als die anderen Dienerinnen, bat sie inständig, ihr zu enthüllen, mit wem sie gesprochen habe. Die sel. Elisabeth sträubte sich zunächst, gab aber schließlich doch ihrem Drängen nach und sagte: „Ich sah den Himmel offen und ihn, meinen lieben Herrn Jesus, wie er sich mir zuneigte und Trost spendete in den verschiedenen Ängsten und Betrübnissen, die mich bedrückten. Und solange ich ihn sah, war ich froh und lachte; wenn er aber sein Antlitz abwandte, als ob er weggehen wolle, weinte ich. Dann erbarmte er sich meiner, blickte mich wieder überaus milde an und sprach: ‚Wenn du bei mir sein willst, will ich bei dir sein.' Ich gab ihm Antwort." Isentrud drang noch in sie, ihr doch die oben erwahnte Vision kundzutun, die sie in der Kirche bei der Darbringung der Hostie gehabt habe. Die sel. Elisabeth erwiderte: „Was ich da gesehen habe, das mitzuteilen geht nicht an; aber wisse: Ich habe eine große Wonne erlebt und wunderbare göttliche Geheimnisse gesehen."

(Büchlein über die Aussage der vier Dienerinnen)

42 Teil des Elisabethfensters im Ostchor der Marburger Elisabethkirche

Als die sel. Elisabeth noch in weltlicher Pracht gekleidet war, nahm sie heimlich einen kranken Bettler auf, der an einer Kopfkrankheit litt und schrecklich anzusehen war. Sie schor mit eigener Hand seine ekelerregenden Haare, hielt seinen Kopf in ihrem Schoß und wusch diesen nachher an einer versteckten Stelle ihres Obstgartens, um nicht von Menschen dabei gesehen zu werden. Von einigen Hofdamen überrascht und getadelt, lachte sie nur.

Und wo immer sie später Aussätzige antraf, setzte sie sich zu ihnen, tröstete und ermahnte sie zur Geduld, damit ihre körperlichen Leiden ihnen einmal verdienstlich würden. Sie begegnete ihnen wie Gesunden ohne Ekel und gab ihnen reiche Almosen.

(Büchlein über die Aussagen der vier Dienerinnen)

43 Elisabeth kämmt einen Aussätzigen

Die sel. Elisabeth, Landgräfin von Thüringen, hatte früher eine Dienerin, auch mit Namen Elisabeth. Diese wurde ebenfalls vernommen und sagte auf die Frage nach dem Lebenswandel ihrer Herrin unter Eid aus, sie sei nach Empfang des grauen Kleides lange bei ihr gewesen und habe sehr viele Werke der Nächstenliebe und große Demut bei ihr gesehen. Sie rief nämlich die ärmsten, schwächsten, gebrechlisten und frömmsten Leute in ihr Hospital zu Marburg und bediente sie persönlich. Mit ihren gottgeweihten Dienerinnen im grauen Kleid bereitete sie Speisen.

An dem Tag, an dem das reichliche Almosen von fünfhundert Mark verteilt wurde, blieben nach dem Weggang der kräftigeren Leute in der folgenden Nacht bei Mondschein sehr viele schwächere und kranke Personen am Zaun des Krankenhauses und in den Winkeln des Hofes liegen. Bei ihrer Ankunft erblickte die sel. Elisabeth sie und sagte zu ihrer Begleitung: „Seht, die Schwächsten sind zurückgeblieben; wir wollen ihnen noch etwas geben." Sie ließ jedem sechs Kölner Groschen auszahlen und wollte nicht, daß den Kindern weniger gegeben werde. Dann ließ sie Brote bringen und verteilen und sagte: „Wir wollen ihre Freude vollkommen machen. Zündet Feuer für sie an!" Und sie ließ in der ganzen Länge des Hofes Feuer machen, vielen die Füße waschen und salben. Die Armen fingen an zu singen und sich wohl zu fühlen. Als die sel. Elisabeth das hörte, sagte sie: „Seht, ich habe es doch gesagt, wir sollen die Menschen froh machen!" Und sie freute sich mit den Fröhlichen (vgl. Röm 12,15).

(Büchlein über die Aussage der vier Dienerinnen)

44 Elisabeth verteilt Lebensmittel an die Armen

Die Dienerin Irmgard sagte auch, sie habe die sel. Elisabeth von ihrem Heimgang so sprechen hören: „Schon naht die Zeit, da der allmächtige Herr seine Freunde rufen wird!" Und weiter, die Selige habe den ganzen Tag vor ihrem Tod in großer Frömmigkeit und Andacht zugebracht. In ihrer Sterbestunde lag sie wie schlummernd und verschied. Wenn auch der Leib der sel. Elisabeth bis zum vierten Tag unbeerdigt geblieben war, so verbreitete er doch keinen üblen Geruch, wie es bei anderen gewöhnlich der Fall ist, sondern einen würzigen, herzerquickenden Duft. Mit dem grauen Gewand bekleidet, das Gesicht mit Tüchern umwunden, lag sie da. Aus Frömmigkeit und um Reliquien von ihr zu haben, lösten oder rissen sehr viele Leute Teilchen von den Tüchern, schnitten ihr Haupthaar und Nägel ab, einige stutzten ihr die Ohren, andere schnitten ihr sogar die Brustwarzen weg! Wie strömten die Armen zusammen, wie groß war ihr Schmerz, wie tief ihre Trauer, welch ein Jammern besonders bei den Kranken und Armen bei ihrem Tod! War sie ihnen allen doch zur zweiten Mutter geworden! Kaum läßt sich der Schmerz, das Klagen und die Trauer der einzelnen schildern.

(Büchlein über die Aussage der vier Dienerinnen)

45 Statue der Elisabeth, die das „Rosenwunder" zeigt
46 Tod der Elisabeth
47 Statue der Elisabeth mit dem Modell der Marburger Kirche

Der Ruf der seligen Dienerin Gottes Elisabeth ging weit und breit in alle Lande, und die großen Wunder, die der Herr vielfach durch sie wirkte, wurden immer häufiger in der ganzen Welt gerühmt, so daß ihre Kenntnis wie im Fluge an den Apostolischen Stuhl gelangte. Der Heilige Vater Gregor IX., durch Gottes Vorsehung Vater von Rom und der Welt, dessen tägliche Aufgabe nach dem Apostel die Sorge um alle Gemeinden ist (2 Kor 11,28), nahm sich pflichtgemäß auf Grund seiner Hirtenaufgabe – bedeutet doch sein Name: der

S·ELIZ
ABET

Hirt! – dieser Angelegenheit sorgfältig an und zog sie zur genauen Untersuchung an sich. Am heiligen Pfingstfest (27. Mai 1235) begab sich der Heilige Vater mit allen eben erwähnten Prälaten und vielen Tausenden von Gläubigen in feierlichem Zug unter Posaunenschall und Hörnerklang zum Kloster der Predigerbrüder.

Alles zur Sache Wichtige über das Leben und die Wunder wurde von einem dem Papst beim Gottesdienst assistierenden Kardinaldiakon – der Vorschrift gemäß – dem Volk unter allgemeinem Beifall und allseitiger Zustimmung vorgelesen und erklärt. Überreicher Tränenstrom brachte die freudige Bewegung des gläubigen Volkes zum Ausdruck, und der feierliche Gesang des Tedeums mit seinen frommen Klängen stieg festlich zum Himmel empor. Die „Gebenedeite unter den Weibern", die überaus lobwürdige selige Elisabeth wurde heiliggesprochen.

(Bericht über die Heiligsprechung der Elisabeth)

48 Die Dominikanerkirche in Perugia

Nachdem der Heilige Vater, Gregor IX., sie so feierlich heiliggesprochen hatte, regte der Heilige Geist die Herzen der Gläubigen an, die Gebeine der nun mit Christus Herrschenden aus dem einfachen Grab zu erheben und an einen würdigeren Ort zu übertragen, der ihrer großen Heiligkeit besser entspräche. An dem für die Übertragung festgesetzen Tage kamen unzählige Bischöfe, Fürsten, Edelleute, Prälaten, Ordensleute, Kleriker sowie viele Männer und Frauen zusammen. Als dann die Erde aufgegraben und der Sarg geöffnet war, verbreitete sich nicht wie bei anderen Gräbern übler Fäulnis- und Verwesungsgeruch, sondern der Duft heiliger Reinheit, der die Umstehenden erbaute und erfreute.

(Dietrich von Apolda, „Das Leben der hl. Elisabeth von Thüringen")

49 Kaiser Friedrich II. bei der Erhebung der Gebeine der Elisabeth
50 Die Elisabethkirche zu Marburg

Der Allerhöchste, der die Demütigen erhebt, tat noch mehr, um seine niedrige Magd zu verherrlichen (vgl. Lk 2,48.52): er wollte ihren heiligen Leib nicht an dem einfachen Ort beigesetzt lassen, wo er in Schwachheit begraben, aber durch häufige Wunder oftmals geehrt und durch vielfache göttliche Hulderweise ausgezeichnet war; vielmehr war es sein Wille, die Arme zu seiner Ehre aus dem Staub und die Bedürftige aus dem Schmutz zu erheben (vgl. Ps 112,7).

(Dietrich von Apolda, „Das Leben der hl. Elisabeth von Thüringen")

51 Blick in den Ostchor der Elisabethkirche zu Marburg

Elisabeth heute

Was ein Heiliger war, zeigt sich nicht zuletzt darin, daß seine Wirkung mit seinem Tode nicht zu Ende ist. Darum weist die Lebensgeschichte eines Heiligen in seine Wirkungsgeschichte hinein. Die Impulse, die ein Heiligenleben auslöst und die in den Menschen kommender Jahrhunderte weiterwirken, lassen uns klarer erkennen, wer der Heilige gewesen ist.

So wäre es eine reizvolle Aufgabe, die Wirkungsgeschichte dieser großen Heiligen der Nächstenliebe nachzuzeichnen. An dieser Stelle können nur einige Hinweise gegeben werden.

Die Verehrung der hl. Elisabeth hat immer auch die Bereitschaft zum helfenden und heilenden Dienst geweckt. So tragen nicht nur Kirchen und Kapellen, sondern auch viele Krankenhäuser und Altenheime ihren Namen. Vielleicht ist die Kirche von Györ in Ungarn, von Franziskanern erbaut und ihr 1235 geweiht, die erste Elisabethkirche überhaupt; und das Elisabethkrankenhaus in Kassa, das 1285 in einem Dokument des Papstes Martinus IV. erwähnt wird, zählt sicher zu den frühesten, in denen die Krankenpflege mit dem hingebungsvollen Dienst dieser Heiligen verbunden wird.

Noch mehr aber als die Elisabethkirchen und Elisabethkrankenhäuser, die in allen Jahrhunderten gebaut wurden, sind es die Menschen in jeder Generation gewesen, die in der hl. Elisabeth ein ermutigendes Vorbild gefunden haben. Um sich ganz und ungeteilt in den Dienst kranker, alter und notbedrängter Menschen stellen zu können, haben Frauen religiöse Gemeinschaften gegründet oder sich ihnen angeschlossen. Im 15. Jahrhundert werden die an Elisabeth-Hospitälern tätigen Schwestern Elisabethinnen oder Elisabetherinnen genannt. Die Hospitalschwestern, die 1622 am Elisabethkrankenhaus in Aachen eingeführt wurden, sind als Elisabethinnen weit über die Grenzen Deutschlands hinaus tätig geworden, sowohl in osteuropäischen Ländern wie auch in Kanada. Im 19. Jahrhundert, in dem die hl. Elisabeth wiederentdeckt wurde, bildeten sich neue religiöse Gemeinschaften. In ihnen entfalteten Frauen als Schwestern der hl. Elisabeth eine Tätigkeit, die zahllosen Menschen zugute kam. Eine dieser Gemeinschaften waren die Barmherzigen Schwestern von der hl. Elisabeth in Essen-Bredeney. Auch in Padua und Neapel entstanden Elisabethschwestern. Die Grauen Schwestern von der hl. Elisabeth, aus einem Verein zur Pflege hilfloser Hauskranker hervorgegangen, widmen sich in Deutschland, Polen, Italien, Schweden und Norwegen den kranken und alten Menschen ebenso wie den Kindern. Im 20. Jahrhundert ist es die Schwesternschaft St. Elisabeth, die ihre Tätigkeit vor allem auf dem Gebiet der offenen Hilfe in der Familienpflege, in der Sorge für Mutter und Kind und in der Gemeindecaritas ausgebaut hat.

Auch wenn diese religiösen Gemeinschaften unterschiedliche Bezeichnungen haben, auch wenn sie eine verschieden lange Tradition besitzen und in vielen Ländern wirken, ist ihnen eines gemeinsam: sie verstehen sich als Schwestern der hl. Elisabeth und schenken ihre Aufmerksamkeit und Liebe denen, die auf Hilfe angewiesen sind und Ermutigung brauchen.

Die hl. Elisabeth, Patronin der Caritas, ist nicht nur Vorbild der Krankenschwestern geworden. Gerade als Frau und Mutter, die offen war für die Not um sie herum, übte sie eine große Anziehungskraft aus. Sie ist im wahrsten Sinn des Worts „populär" geworden. So ist das Gedächtnis an sie auch in unserer Zeit lebendig. Im Jahre 1931, 700 Jahre nach ihrem Tod, wurden an vielen Orten Elisabeth-Feiern begangen. Und die 80 000 Wallfahrer, die 1957 zum 750. Geburtstagsjubiläum nach Erfurt kamen, zeigten in besonders deutlicher Weise, daß Elisabeth von Thüringen ein Zeichen ist, das auch die Menschen des 20. Jahrhunderts verstehen. Aber es sind nicht nur diese Jubiläen, an denen dies zum Ausdruck kommt. In den vielen Pfarrgemeinden, sei es in Deutschland oder in Ungarn, in denen der Elisabethtag gefeiert wird, ist das Echo zu verspüren, das diese Frau findet.

Aber die hl. Elisabeth ist nicht nur eine „Feiertagsheilige". Ihr werktätiges Vorbild hat immer wieder Frauen zum tätigen Dienst am Nächsten ermutigt. Und manchmal ging davon eine große Bewegung aus. So schlossen sich 1840 in Trier Frauen zusammen, um in ihrer Stadt arme und verlassene Kranke zu besuchen, bei Wöchnerinnen pflegerische Dienste zu übernehmen, einen Mahlzeitendienst für ältere Alleinstehende und mittellose Mitbürger einzurichten. Sie wählten die Bezeichnung „Elisabethverein". Ihr Programm hat Schule gemacht. In vielen Städten schlossen sich aktiv tätige Frauen zu ähnlichen Gruppen zusammen, die sich anfangs „Elisabethvereine", später „Elisabeth-Konferenzen" nannten und die Kräfte der einzelnen sammelten, um in den Pfarrgemeinden freiwillige soziale Dienste zu übernehmen. An anderen Orten organisierten und unterstützten „Elisabethvereine" die Hauskrankenpflege. Im 20. Jahrhundert wurde aus der ehrenamtlichen Tätigkeit der Elisabethfrauen der aktuell gewordene soziale Beruf der Familienpflegerin entwickelt. Die Tradition der Elisabeth-Konferenzen lebt heute fort in den 2600 Caritas-Konferenzen und Helfergruppen mit ihren 60 000 ehrenamtlichen Mitarbeitern in Deutschland. Sie alle fühlen sich dem Beispiel der hl. Elisabeth besonders verpflichtet. Gewiß haben sich die Gesichter der Not und die Anforderungen an die sozial-caritativen Dienste geändert, seit Elisabeth von Thüringen ihr Leben in den Dienst der Kranken und Armen stellte. Aber gerade in der Bemühung um die jeweils zeitgemäße Form des Helfens kann jedermann von dieser Heiligen lernen, was christliche Nächstenliebe im Alltag bedeutet und wie man sie übt.

Maria Schaeffler,
(Vorsitzende der Caritas-Konferenzen Deutschlands)

Bildregister

1 Meister Klingsor, der berühmte ungarische Sänger und Zauberer, weissagt dem Landgrafen Hermann von Thüringen (1190–1217) die Geburt einer Tochter am ungarischen Königshof: „Ich sehe einen schönen Stern in Ungarn aufgehen und bis nach Marburg und von Marburg durch die ganze Welt strahlen.“ – Tafel 1 des Elisabethzyklus für das Heilig-Geist-Spital in Lübeck (z. Zt. im Magazin des Museums für Kunst und Kulturgeschichte der Hansestadt Lübeck). Der um 1420 entstandene Zyklus (Öl auf Eichenholz) umfaßt 23 Szenen, je 60/65 × 90 cm, die oben durch zierliches, vergoldetes Maßwerk begrenzt werden.

2 Die Burg Sárospatak in Ungarn, auf der Elisabeth 1207 als Tochter des Königs Andreas II. von Ungarn und seiner Gemahlin Gertrud von Meran geboren wurde. – Heute befindet sich in der in Nordungarn nahe der Grenze zur Tschechoslowakei liegenden Burg eine Filiale des ungarischen Nationalmuseums.

3 König Andreas besucht Königin Gertrud im Wochenbett, im rechten Arm der Mutter liegt das neugeborene Kind. – Tafel 2 des Lübecker Elisabethzyklus (vgl. Nr. 1).

4 Landgraf Hermann I. von Thüringen übergibt dem Ritter und Mundschenk Walter von Vargila den Brief, in dem er für seinen Sohn um die Hand der vierjährigen ungarischen Königstochter Elisabeth wirbt (ca. 1211). – Ausschnitt aus Tafel 3 des Lübecker Elisabethzyklus (vgl. Nr. 1).

5 Walter von Vargila überbringt dem Landgrafen die Zusage des Königs von Ungarn. – Tafel 4 des Lübecker Elisabethzyklus (vgl. Nr. 1).

6 Die junge Prinzessin Elisabeth fährt mit ihren Dienerinnen in einem Wagen zur Wartburg. – Tafel 5 des Lübecker Elisabethzyklus (vgl. Nr. 1).

7 Der Wagen mit dem Brautgut der Elisabeth, zu dem auch eine silberne Wiege und eine silberne Badewanne gehört. – Tafel 6 des Lübecker Elisabethzyklus (vgl. Nr. 1).

8 Blick über die Berge des Thüringer Waldes auf die Wartburg bei Eisenach. Die 1080 erstmals als Sitz der Landgrafen von Thüringen erwähnte Burg wurde um 1200 von Landgraf Hermann ausgebaut, sie war Aufenthaltsort vieler Minnesänger, die hier um 1206 den sogenannten „Sängerkrieg" ausgetragen haben sollen. 1521/22 war die Burg Zufluchtsort Luthers, verfiel im 18. Jh. und wurde im 19. Jh. restauriert.

9 Die beiden kindlichen Verlobten, der elfjährige Ludwig von Thüringen und die vierjährige Elisabeth von Ungarn, werden einander am Hof des Landgrafen zugeführt. – Tafel 7 des Lübecker Elisabethzyklus (vgl. Nr. 1).

10 Die junge Prinzessin Elisabeth mit ihren Gefährtinnen. Im Hintergrund des Bildes teilt sie Äpfel aus, die sie wohl beim Spiel gewonnen hat; vorn verläßt sie die Gespielinnen, um zur Kirche zu gehen. – Tafel 8 des Lübecker Elisabethzyklus (vgl. Nr. 1).

11 Blick auf den Palas der Wartburg (vgl. Nr. 8).

12 Löwenkapitell (um 1200) vom offenen Säulengang des Palas der Wartburg.

13 Elisabeth sitzt neben ihrem Gemahl mit Gästen bei einem Festmahl. Die Hochzeit der beiden hatte 1221 stattgefunden, als Elisabeth 14 Jahre alt war. – Tafel 12 des Lübecker Elisabethzyklus (vgl. Nr. 1).

14 Adlerkapitell aus dem Landgrafensaal des Palas der Wartburg.

15 Die Landgräfin Elisabeth bekleidet Bedürftige. Medaillon aus dem Elisabethfenster (vor 1250) im Ostchor der Elisabethkirche zu Marburg. Das Fenster enthält 11 Szenen aus dem Leben der Heiligen (die 12. Szene, eine Geburt Christi, gehört nicht in die ursprüngliche Anordnung), von denen sechs die „Werke der Barmherzigkeit" (nach Matthäus 25) durch Elisabeth zeigen. Nur in diesen Szenen trägt die Heilige einen Nimbus.

16 Elisabeth gibt Armen und Pilgern Obdach. Medaillon aus dem Elisabethfenster in Marburg (vgl. Nr. 15 und Nr. 42).

17 Die hl. Elisabeth. Detail der Figur der Heiligen an der linken Stirnseite des Elisabethschreins in der Sakristei der Elisabethkirche zu Marburg. – Der um 1235 begonnene Schrein (1,80 m lang, 0,52 m breit, 1,35 m hoch) aus Eichenholz, überzogen mit vergoldeten Silberblechen, Filigran, Emailornamenten, Perlen und Steinen, hat die Form eines viergiebligen Hauses. An der linken Stirnseite steht die Figur der Elisabeth, an der rechten sitzt eine Madonna mit Kind, an den Seiten des Schreins flankieren jeweils drei Apostel eine Kreuzigung (zerstört) und eine Christusfigur. Die Dachschrägen sind mit acht Reliefs mit Szenen aus dem Leben der Heiligen besetzt.

18 Die Landgräfin Elisabeth geht, begleitet von zwei Dienerinnen, mit einem Krug in der Linken und einem Teller mit Fischen in der Rechten zu den Armen, um diese zu speisen. – Tafel 10 des Lübecker Elisabethzyklus (vgl. Nr. 1).

19 Landgraf Ludwig, dem gemeldet war, Elisabeth habe einen Aussätzigen ins gemeinsame Ehebett gelegt, findet, als er sich überzeugen will, diesen in den gekreuzigten Heiland verwandelt. Der Landgraf segnet die knieende Gemahlin, während die Zuschauer das Wunder bestaunen und das Kruzifix verehren. – Tafel 18 des Lübecker Elisabethzyklus (vgl. Nr. 1).

20 Elisabeth gelobt ihrem neuen Beichtvater Konrad von Marburg, der auch das Übermaß ihrer Mildtätigkeit steuern sollte, Gehorsam. – Tafel 11 des Lübecker Elisabethzyklus (vgl. Nr. 1).

21 Ein Kreuz bezeichnet den als „Elisabethbrunnen" bekannten Ort unterhalb der Wartburg, an dem Elisabeth ein Hospital zur Aufnahme und Pflege von Kranken, Bettlern und Obdachlosen errichten ließ.

22 Landgraf Ludwig nimmt im Jahre 1226 aus den Händen des Bischofs von Hildesheim das Kreuz als Zeichen seiner Verpflichtung, am Kreuzzug Kaiser Friedrichs II. teilzunehmen. – Relief vom Dach des Elisabethschreins (vgl. Nr. 17).

23 Die hochschwangere Landgräfin Elisabeth heftet ihrem Mann, der ihr seinen Entschluß zum Kreuzzug wegen ihres Zustandes zunächst verheimlicht hatte, das Kreuz an den Ärmel seines Waffenrocks, als der Landgraf im Juni 1227 nach Italien aufbricht, um zum Kreuzfahrerheer des Kaisers zu stoßen. – Detail der Tafel 19 des Lübecker Elisabethzyklus (vgl. Nr. 1).

24 Elisabeth, die 1222 Mutter eines Sohnes Hermann, 1224 einer Tochter Sofie geworden war, gebiert im September 1227 nach der Abreise des Landgrafen zum Kreuzzug ihr drittes Kind, die Tochter Gertrud. Der Landgraf war schon am 11. September 1227 einer Seuche erlegen, die das Kreuzfahrerheer noch in Italien heimgesucht hatte. Die Todesnachricht erreicht Elisabeth und den Landgrafenhof wenige Tage nach der Geburt der Tochter Gertrud. – Detail der Tafel 19 des Lübecker Elisabethzyklus (vgl. Nr. 1 und Nr. 23).

25 Landgräfin Sofie, die Schwiegermutter Elisabeths, entdeckt, daß Elisabeth unter ihrem Mantel das graue Gewand der Terziarierinnen vom Orden des Franz von Assisi trägt. – Tafel 13 des Lübecker Elisabethzyklus (Vgl. Nr. 1).

26 Elisabeth betet in der Schloßkapelle vor dem Kruzifix. Ihre Krone als Landgräfin hat sie aus Demut während des Gebetes auf den Altar gelegt. – Tafel 14 des Lübecker Elisabethzyklus (vgl. Nr. 1).

27 Kopf der Elisabeth. Die Landgräfin war schon zu Lebzeiten ihres Mannes stark vom Gedanken der freiwilligen Armut beeinflußt, der seit etwa 1221 von Franziskanern als Botschaft des hl. Franz von Assisi auch in Deutschland verkündet wurde. Sie suchte den Idealen des Franziskus nachzueifern, soweit es mit ihren Aufgaben und Pflichten als Landesfürstin zu vereinbaren war. – Detail aus Tafel 17 des Lübecker Elisabethzyklus (vgl. Nr. 1 und Nr. 43).

28 Der hl. Franz von Assisi. Detail eines Glasfensters (vor 1250) im Ostchor der Elisabethkirche zu Marburg.

29 Elisabeth wäscht einem Bettler die Füße und tränkt Durstige. – Relief vom Elisabethschrein in Marburg (vgl. Nr. 17).

30 Elisabeth speist Hungrige. Diese Szene, die in allen Bildzyklen des Elisabethlebens vorkommt (vgl. Nr. 32 und Nr. 44), bezieht sich wohl vor allem auf die Mildtätigkeit Elisabeths während der großen Hungersnot des Jahres 1226. – Relief vom Elisabethschrein in Marburg (vgl. Nr. 17).

31 Elisabeth füttert einen alten Bettler. – Medaillon aus dem Elisabethfenster in Marburg (vgl. Nr. 15).

32 Elisabeth spendet Almosen in Form von Geldstücken, die ihr eine Dienerin im Mantelbausch nachträgt. – Medaillon aus dem Elisabethfenster in Marburg (vgl. Nr. 15).

33 Blick auf den Ort Creuzburg an der Werra, nördlich von Eisenach, der 1213 vom Landgrafen von Thüringen zur Stadt erhoben wurde. Über die 1223 erbaute Brücke dürfte auch die Landgräfin Elisabeth wiederholt bei ihren Fahrten durch ihr Land gezogen sein.

34 Elisabeth empfängt durch einen reitenden Boten den Ring des Landgrafen, mit dem Botschaften des Landgrafen legitimiert wurden und der hier die Nachricht von seinem Tod eindeutig bezeugt. – Relief vom Elisabethschrein in Marburg (vgl. Nr. 17).

35 Elisabeth weilte, da sie von dem Bruder ihres Mannes, dem neuen Landgrafen, Heinrich Raspe, in ihren Werken der Mildtätigkeit behindert wurde, nach dem Tod ihres Mannes in Franken unter dem Schutz ihres Onkels, des Bischofs Egbert von Bamberg. Am Fürstenportal des Bamberger Doms (unser Bild) nahm sie die Überreste ihres verstorbenen Gemahls in Empfang.

36 Der Georgenchor (Ostchor) des Bamberger Doms (1203–1237). – Hier wurde der Sarg des Landgrafen Ludwig aufgebahrt, bis Elisabeth die sterblichen Überreste ihres Gemahls in Reinhardsbrunn, dem thüringischen Hauskloster, beisetzen konnte.

37 Offener Arkadengang im Erdgeschoß des Palas der Wartburg.

38 Elisabeth verläßt in einer Nacht heimlich mit ihren Kindern die Wartburg, um sich vor den Schikanen des neuen Landgrafen zu den Franziskanern von Eisenach zu flüchten. – Detail der Tafel 20 des Lübecker Elisabethzyklus (vgl. Nr. 1).

39 Am Karfreitag (der Altar ist ohne Decke dargestellt) des Jahres 1228 entsagte die Landgrafenwitwe Elisabeth feierlich allen weltlichen Würden. – Tafel 22 swa Lübecker Elisabethzyklus (vgl. Nr. 1).

40 Elisabeth empfängt vor dem Altar von ihrem geistlichen Berater, Konrad von Marburg, das Ordenskleid, das der Mönch ihr überstreift, während eine Dienerin ihr den pelzbesetzten Fürstinnenmantel abnimmt. – Relief vom Elisabethschrein in Marburg (vgl. Nr. 17).

41 Eine alte Bettlerin, der die Landgräfin viele Wohltaten erwiesen hatte, stößt die flüchtige Elisabeth auf dem Weg nach Eisenach von einer Brücke in das Bachwasser. – Tafel 21 des Lübecker Elisabethzyklus (vgl. Nr. 1).

42 Oberer Teil des Elisabethfensters im Ostchor der Marburger Elisabethkirche (vgl. Nr. 15). In der Maßwerkrose im Fensterabschluß krönen Christus und Maria die unter ihnen knienden Heiligen Franziskus und Elisabeth. – Elisabeth zog nach ihrem Verzicht auf ihre weltlichen Würden und Besitztümer 1228 nach Marburg, ihrem noch von Landgraf Ludwig bestimmten Witwensitz. Schon zu dieser Zeit breitete sich der Ruf ihres heiligmäßigen Lebens in ganz Europa aus.

43 Elisabeth kämmt einen Aussätzigen, während zwei Dienerinnen entsetzt zusehen. – Tafel 16 des Lübecker Elisabethzyklus (vgl. Nr. 1).

44 Elisabeth verteilt Lebensmittel an die Armen. Sie setzte auch in Marburg konsequent ihr karitatives Wirken fort. Sie errichtete für die Kranken und Armen ein Franziskus-Hospital, in dem sie selbst die härtesten und schmutzigsten Arbeiten verrichtete. – Tafel 17 des Lübecker Elisabethzyklus (vgl. Nr. 1).

45 Das „Rosenwunder" der Elisabeth. Sandsteinstatue im südlichen Seitenschiff der Elisabethkirche zu Marburg. – Diese vielleicht beliebteste, aber auch zweifelhafteste und später entstandene Legende über ein Wunder aus dem Legendenkranz um die Heilige ereignete sich noch während der Wartburgzeit. Als Elisabeth mit Lebensmitteln unter dem Mantel auf dem Weg zu ihren Armen von ihrem Gemahl gefragt wurde, was sie unter dem Mantel trage, sagte sie „Rosen" und, den Mantel zurückschlagend, zeigte sie ihrem Gemahl einen Rosenstrauß, in den die Lebensmittel wunderbar verwandelt waren.

46 Elisabeth starb in der Nacht vom 16. zum 17. November 1231 im Alter von 24 Jahren im Beisein von Christus, dessen Engel ihre Seele zum Himmel tragen, und Maria. Ihrer Aufbahrung wohnt auch ein Ritter des Deutschen Ordens, dessen Mitpatronin Elisabeth wurde, bei. – Teil des Reliefs (14. Jh.) am Sockel des sogenannten Mausoleums der hl. Elisabeth im Nordchor der Marburger Elisabethkirche.

47 Statue der Elisabeth in fürstlicher Tracht mit dem Modell der Elisabethkirche auf der Linken im nördlichen Seitenschiff der Marburger Elisabethkirche.

48 In der Dominikanerkirche von Perugia, der Nachbarstadt des franziskanischen Assisi, wurde Elisabeth am Pfingsttag des Jahres 1235 durch Papst Gregor IX. heiliggesprochen.

49 Am 1. Mai 1236 wurden im Beisein Kaiser Friedrichs II. die Gebeine der neuen Heiligen erhoben und zur Verehrung der zahlreichen Pilger zunächst in einem „bleiernen Kasten" in der Franziskuskapelle ihres Spitals ausgestellt. – Wandgemälde im Nordchor der Marburger Elisabethkirche.

50 Blick auf die Elisabethkirche zu Marburg von Südosten. – Der Grundstein zur Grabkirche Elisabeths wurde 1235, dem Jahr ihrer Heiligsprechung, gelegt. 13 Jahre später war der Ostchor vollendet, in den die Gebeine der Heiligen, nunmehr in den kostbaren Schrein (vgl. Nr. 17) gebettet, übergeführt wurden. 1283 erfolgte die Weihe der bis auf die westliche Turmfront vollendeten Kirche, die der erste Kirchenbau in Formen der französischen Hochgotik auf deutschem Boden ist.

51 Blick in den Ostchor der Elisabethkirche zu Marburg.